MERMEIX

# LES ANTISÉMITES EN FRANCE

NOTICE SUR UN FAIT CONTEMPORAIN

PARIS
E. DENTU, ÉDITEUR
LIBRAIRE DE LA SOCIÉTÉ DES GENS DE LETTRES
3 ET 5, PLACE DE VA[illegible] (PALAIS-ROYAL)

1892

# LES ANTISÉMITES
## EN FRANCE

MERMEIX

# LES ANTISÉMITES EN FRANCE

NOTICE SUR UN FAIT CONTEMPORAIN

PARIS
E. DENTU, ÉDITEUR
LIBRAIRE DE LA SOCIÉTÉ DES GENS DE LETTRES
3 ET 5, PLACE DE VALOIS (PALAIS-ROYAL)

1892

A LA MÉMOIRE DE MON TRÈS CHER AMI

LE BARON ROBERT DE BILLING

# LES ANTISÉMITES EN FRANCE

## NOTICE SUR UN FAIT CONTEMPORAIN

---

## I

### Les griefs généraux contre les juifs.

Nous avons en France une nouvelle faction, c'est l'antisémitisme. Elle n'est pas née d'hier. Mais c'est hier seulement qu'elle a commencé de remuer. Jusqu'alors l'antisémitisme n'avait été qu'une opération de librairie. Un homme d'un grand talent et violemment passionné s'était avisé un jour que tous les vices de la société contemporaine étaient le fait des juifs. Il les dénonça. Quelques-uns ne virent d'abord dans ces livres tapageurs que des attaques à la toute-puissance de l'argent. On montra de la bienveillance à M. Edouard Drumont. Beaucoup de ses confrères l'encouragèrent. Conservateur et catholique il avait des allures et un ton révolutionnaire qui donnaient à son personnage une originalité attrayante. Il contrastait avec le vieux type du réactionnaire classique, homme rageur, maussade et timide. C'était un batailleur ardent qui proclamait hautement ses croyances et tapait dur sur ses adversaires. Quand on l'avait provoqué au péché du duel, il l'avait commis sans se faire prier, comme si le duel n'était pas défendu par les lois de l'Eglise. Ce conservateur sentait l'émeutier; ce catholique ne sentait pas le marguillier. Son premier livre, dans lequel il ne cachait pas ses préférences pour la monarchie, déplut beaucoup moins aux républicains qu'aux monarchistes. Ceux-ci trouvèrent leur champion bien bruyant, bien mal élevé. C'était un « gêneur » qui par ses nouveautés de mauvais goût les troublait dans leurs habitudes de fronde à huis clos. Il les engageait à ne plus gémir mais à agir, ce qui était un comble d'impertinence.

Beaucoup de spectateurs indifférents et de républicains indépendants s'égayèrent de la chute de ce pavé énorme dans le marais réactionnaire. De divers côtés on dit à M. Drumont : « Continuez ! Vos faits divers et vos histoires de juifs, nous vous les laissons. Mais vous faites en somme contre le parti monarchiste l'œuvre d'un bélier contre une porte. Allez, frappez toujours. »

M. Drumont continua. Il fit jusqu'à cinq volumes qui tous se vendirent très bien. Mais plus il allait, plus la judéophobie s'aggravait en lui. Ce fut bientôt une manie singulière. Comme certains sectaires libres-penseurs voient partout la main du jésuite, M. Drumont vit partout la main du juif. Quiconque lui déplaisait fut juif. Comme il n'y a que soixante mille israélites en France et comme il y a beaucoup plus de gens qui ne partageaient pas la passion de M. Drumont il fallut créer une nouvelle catégorie ; on inventa les judaïsants.

Le journaliste qui s'exprime avec le plus d'indépendance sur les abus de la puissance de l'argent ; le député qui vote le plus fidèlement contre les grands monopoles privés qui sont les donjons de la féodalité capitaliste, le socialiste le plus sincère est suspect s'il ne crie pas : à bas les juifs ! On est un judaïsant si on refuse de distinguer entre les hommes pour ne viser qu'à modifier la législation qui a rendu possible la formation de la ploutocratie.

Au regard des antisémites presque tous les Français sont donc judaïsants. C'est à peine en effet si M. Drumont, à la faveur des circonstances, a pu entraîner derrière lui trois groupes d'origines différentes et de tendances très divergentes, des désœuvrés de clubs, quelques petits bourgeois et des gens d'église atteints par les krachs financiers et quelques comités révolutionnaires.

Nous avons précisément pour but dans cet écrit d'expliquer par des faits comment a pu se faire, dans des milieux si dissemblables, le recrutement de l'antisémitisme français.

Mais tout d'abord il convient d'indiquer brièvement les raisons pour lesquelles la grande masse est restée rebelle aux prédications de M. Drumont.

Les antisémites pouvaient surexciter les passions religieuses, les passions nationales et les passions sociales. Ils n'ont négligé aucun de ces moyens.

Le premier leur a réussi fort médiocrement. Les Français n'en sont pas arrivés à renier leur religion. En très grande majorité ils reçoivent le baptême, se marient à l'Eglise, envoient leurs enfants au catéchisme et appellent le prêtre à leurs derniers moments. Mais ils s'en tiennent à ces pratiques extérieures du culte. Ils sont aussi loin du fanatisme que de l'abjuration. Vouloir les indigner contre les descendants des déicides, c'est vouloir l'absurde. Ils n'en veulent plus aux juifs pour avoir crucifié Jésus-Christ. Si quelques fervents leur tiennent encore rigueur, dans le fond de leur âme, ils n'oseraient guère exprimer ce sentiment tout haut. Ils se feraient regarder comme des fous.

Personne ne songe donc plus à demander aux fils d'Israël compte du sang de Jésus-Christ. Cependant il est juste de dire que beaucoup de catholiques même parmi les plus tièdes ont souvent été froissés par les attaques de quelques israélites contre leur religion. Quand, dans la *Lanterne*, M. Eug. Mayer fait insulter les très vénérables sœurs de la charité ; quand M. Camille Dreyfus demande au nom de la libre-pensée la désaffectation de l'église du Sacré-Cœur ; ils prennent des rôles qui ne leur conviennent pas. Ils froissent beaucoup de consciences et involontairement contribuent à ranimer la défiance des catholiques contre leur race. Beaucoup de juifs ont eu dans les polémiques de ces dernières années le tort de s'occuper de la religion chrétienne pour la bafouer et tenter de déshonorer ses ministres. Ils auraient été mieux avisés de laisser à des libres-penseurs d'origine chrétienne l'initiative de ces efforts de déchristianisation. On a trouvé qu'ils se mêlaient de ce qui ne les regardait pas, que si la religion du peuple français était ridicule ce n'était point à eux à le dire, à eux nouveaux venus dans la famille nationale, et dont le culte est respecté, protégé et subventionné à l'égal des autres. Mais ces imprudents et ces sectaires sont une infime minorité dans la masse des juifs français : ceux-ci, considérés dans leur ensemble, ne se soucient pas plus de la religion des catholiques que les catholiques ne se préoccupent de Jéhowah. Ils ne veulent pas plus déchristianiser la France que les autres ne pensent à « déjudaïser » les juifs. Tout se passe de la façon la plus convenable entre gens qui respectent réciproquement leur liberté de conscience. Celui-ci assiste à la messe s'il le veut ; celui-là va à la synagogue, si tel est son bon plaisir. Ce n'est plus là un sujet de querelle.

Le chrétien qui insulterait un juif sortant de son temple ou qui irait le battre le vendredi saint pour le punir d'avoir gracié Barrabas exciterait une vive curiosité, car son action serait vraiment surprenante.

Le grief religieux n'est donc presque pour rien dans l'antisémitisme, A peine émeut-il quelques dévotes, dans les petites villes de province, et quelques prêtres respectables à coup sûr mais dont le fanatisme n'est qu'un accident isolé.

La religion ne faisant guère avancer les affaires des antisémites, ils ont mis en avant la

Patrie, ils ont invoqué l'argument national : « Ces hommes au nez courbé ne sont pas de notre race, dirent-ils. Ils ont un autre cerveau, une autre âme. Ce sont des étrangers qui nous envahissent, ils s'introduisent partout, ils nous dépossèdent. Ils nous commandent et ils ne sont pas des Français! Ils viennent pour la plupart de l'Allemagne. Laisserons-nous conquérir la France par des juifs allemands?

Ce second grief avait certainement plus de chance de fortune que le premier.

Depuis cinquante ans et surtout depuis vingt ans les juifs sont entrés dans toutes les carrières. On les voit nombreux au parlement, dans la magistrature, dans l'armée, dans la haute administration, dans le journalisme, dans les arts, dans le professorat. Partout ils occupent des postes importants et quelquefois des places éminentes. Cette entrée des juifs dans les charges publiques nul ne pouvait s'y opposer, puisque les juifs sont des citoyens et que les fonctions en France sont accessibles à tous. Doit-on s'étonner qu'ils aient réussi en si grand nombre et si vite ?

Le juif pendant quatorze siècles a été un persécuté, un isolé qui ne devait compter que sur lui-même. Les autres hommes s'appuyaient les uns les autres; le serf, tout misérable qu'il fût, pouvait cependant dans une certaine mesure réclamer l'aide de son seigneur ; le bourgeois, l'artisan des villes avait pour se protéger les règlements de sa corporation et la charte de sa commune, plus tard le recours à la puissance royale. Le juif au contraire était sans défense, soumis à l'arbitraire. Un caprice pouvait le dépouiller, un autre le proscrire; quand on le tolérait, c'était au prix d'outrages quotidiens qu'il devait subir. Dans cette humiliation, dans cette misère du ghetto, en butte à toutes les surprises, comment s'étonner que ses facultés combattives aient pris un développement extraordinaire et qu'après tant de générations il se soit trouvé mieux qu'un autre armé pour les batailles de la vie?

Quand la Révolution en brisant le Vieux Monde dispersa les hommes et mit l'individu en concurrence avec l'individu sans l'appui de sa corporation, sans privilège pour aucun, il arriva que le juif était préparé à cette concurrence et que les autres ne l'étaient pas ou l'étaient moins que lui.

Il continua à se mouvoir dans la société nouvelle comme il l'avait fait dans la société ancienne mais avec toute l'aisance d'un homme libre. Le triomphe de l'individualisme fut son triomphe car il était depuis des siècles accoutumé à ne compter que sur soi-même.

Tout d'abord il continua le commerce de ses pères, le commerce de l'argent; mais quand il osa se lancer dans les carrières libérales son esprit affiné par une culture héréditaire de quinze siècles, son caractère assoupli par une si longue habitude de la résistance passive lui donna sur beaucoup de ses rivaux un avantage.

Les juifs excellèrent dans toutes les professions où l'entregent doit aider le mérite : mais à qui devaient-ils et doivent-ils cet entregent si ce n'est à ceux qui pendant si longtemps leur firent de la ruse une nécessité vitale. En ne les traitant pas comme des hommes le moyen âge en avait fait à la longue des hommes différents des autres. La chrétienté récolta ce qu'elle avait semé ; elle eut les juifs qu'elle avait mérités, qu'elle avait formés elle-même au creuset de ses persécutions.

Les juifs mis sur le pied d'égalité avec les autres hommes ne devinrent pas l'élite sociale mais contribuèrent dans une proportion grande au recrutement de cette élite.

Dans les carrières qui avaient été jusque-là réservées aux chrétiens, ils devinrent bientôt leurs égaux et leur disputèrent les premières places. D'où une nouvelle cause d'irritation contre eux et la plus injuste de toutes, un nouveau prétexte de décri, et le plus mal trouvé.

En effet on a longtemps reproché aux juifs de n'exercer que les métiers mercantiles auxquels d'ailleurs on les avait condamnés. Couramment encore on entend dire avec mépris qu'ils ne sont que des usuriers, des revendeurs, des boursiers, par conséquent des parasites qui sans produire la richesse ne profitent que de son déplacement et tiennent dans la société le rôle d'une cagnotte dans une maison de jeu.

Si les juifs avaient tort quand ils n'étaient que des trafiquants, ils cessent évidemment d'avoir tort quand ils deviennent fonctionnaires, soldats ou artistes. Les antisémites doivent se mettre d'accord avec eux-mêmes : s'ils flétrissent à bon droit les juifs quand ils sont accapareurs, qu'ils les respectent quand ils exercent les professions les plus nobles ; et s'ils veulent les empêcher d'exercer ces professions pour les contraindre comme pendant le moyen âge à ne faire que du négoce, qu'ils ne s'indignent pas de les voir tous négociants. Insulter un homme qui s'élève, à force d'outrages décourager ses efforts, le maintenir malgré lui dans son humiliation et lui faire ensuite un crime de cette humiliation serait une suprême injustice.

En France on ne l'a pas commise. La masse nationale est restée indifférente aux cris d'alarme patriotique des antisémites. On n'est point parvenu à faire pénétrer dans l'esprit du peuple le nouveau préjugé que l'accession aux professions libérales des citoyens français de culte israélite compromettait la dignité et l'indépendance de la patrie. Même la plupart de ceux qui répètent cette peu raisonnable accusation manquent de sincérité. Ils se posent en patriotes pour ne pas avouer qu'ils n'obéissent le plus souvent qu'à leurs rancunes. Il y a plus d'envie que de passion sectaire dans l'âme d'un ardent antisémite. Il s'écrie que la patrie est menacée par l'invasion juive, que la race aryenne marche à la servitude. Combien de fois serait-il indiscret de lui demander si dans son commerce il n'a pas un concurrent juif heureux; si au dernier concours auquel il a pris part un juif ne l'a pas emporté sur lui; ou encore si la faveur qu'il sollicitait l'autre jour n'a pas été accordée à un israélite.

Bien fréquemment l'antisémite ne connaît pas d'autres dommages causés à la patrie que ceux dont il a personnellement souffert. Le prétendu grief national ne sert donc qu'à déguiser des ressentiments particuliers. Par ce moyen, hormis quelques patriotes badauds, l'antisémitisme n'a enrôlé que les hommes qui avaient quelque sujet personnel d'animosité contre les juifs: le nombre en est assez restreint.

Nous voici au grief socialiste, au plus spécieux de tous, à celui qui a pu égarer le plus d'hommes de bonne foi.

« La question sociale, ont dit les antisémites, c'est la question juive. Les plus grandes fortunes sont juives; les juifs sont les rois de l'accaparement; ils se sont emparés des monopoles; ils sont la nouvelle féodalité. C'est en eux qu'il faut attaquer la société capitaliste. »

Cet argument était fait pour embarrasser les socialistes. Certes la société capitaliste n'est pas une construction juive; la ploutocratie résulte du jeu normal des lois depuis le commencement du siècle et non pas d'une conspiration judaïque. Mais il est certain que si les juifs ne sont pas tous riches, les plus en vue des riches sont des juifs; il est certain qu'ils occupent dans les monopoles des situations prépondérantes. Etait-il vrai de dire que faire la guerre aux juifs, c'était attaquer l'organisation sociale dans laquelle quelques-uns d'entre eux, grâce à leur fortune, ont une si grande importance? Pour un petit nombre d'esprits simples l'hésitation ne fut pas longue. « Oui, les juifs étaient les maîtres de la société contemporaine, de cette société dans laquelle les richesses sont mal réparties; de cette société dans laquelle il y a d'un côté excès de richesse, et de l'autre excès de misère; de cette société où tant de services publics ont été indûment aliénés à des particuliers. Par conséquent c'était dans les juifs qu'il fallait la frapper pour la détruire. » Mais ce jugement porté sur des apparences fut seulement celui des ignorants et des fanatiques. Aucun des socialistes de raison, depuis M. Pelletan jusqu'à M. Guesde, ne versa dans l'erreur des antisémites. Au contraire, dès que l'antisémitisme fit son apparition, ou plutôt, dès que, sortant de la période de fronde, il prétendit être un parti, il eut contre lui tous les socialistes.

Tout d'abord il était impossible à des démocrates d'emboîter le pas à des sectaires religieux ou de se faire les proscripteurs d'une race d'hommes pareille et égale en somme à toutes les autres. L'argument religieux ne pouvait pas toucher ceux qui veulent continuer la Révolution française; l'argument tiré de l'indignité de la race juive ne pouvait pas davantage émouvoir des socialistes. En effet le judaïsme a donné au socialisme des maîtres, comme Lassalle et surtout Marx. C'est un juif, c'est le grand Marx qui a fait du régime capitaliste la plus puissante critique, fixé la doctrine nouvelle. Les socialistes ne pouvaient donc pas sans renier tout leur passé, sans oublier toutes leurs traditions, sans se séparer de leurs initiateurs, faire cause commune avec l'antisémitisme. Mais ils eurent d'autres raisons de laisser passer cette turbulence sans s'y mêler.

En effet, à quoi peut aboutir la guerre aux juifs? A des réformes? Non. A des violences, à des violences individuelles.

Les antisémites parlent bien de rendre la France aux Français. Ce n'est qu'un mot. Ils disent qu'ils mettront le crédit à la portée de ceux qui n'en ont pas eu jusqu'ici, à la portée des travailleurs — en quoi ils ne disent rien de nouveau. Mais quels moyens proposent-ils pour atteindre leur but? Aucun. M. Drumont et M. de Morès parlent bien de constituer « une haute cour de justice qui fera rendre gorge aux accapareurs. » Mais ce n'est là qu'une réminiscence et ce n'est pas un projet sérieux. Jadis quand la fortune consistait en terres, en or, en charges publiques, chèrement achetées, elle était saisissable. Mais aujourd'hui tout est changé. La fortune est mobilisée. Les maisons, les terres, les châteaux sont grevés d'hypothèques et les porteurs d'hypothèques sont les petits épargneurs, les actionnaires du Crédit foncier, etc. Confisquer les immeubles des financiers équivaudrait donc à confisquer à ces modestes porteurs d'obligations leurs économies. Pour la fortune mobilière l'empêchement d'y toucher est aussi grand. Les titres de rente, les actions et obligations des chemins de fer, des mines, etc., sont au porteur. Comment s'en emparer? Le financier dont vous aurez décrété la fortune réunie au domaine se gardera bien de vous faire connaître les numéros de ses titres; un tiers vous présentera les coupons à l'échéance et vous paierez, si vous ne voulez pas faire banqueroute, sans savoir à qui vous payez.

Il est donc impossible que l'antisémitisme aboutisse à aucune solution pratique. Alors que peut-il faire? Du bruit et des attentats individuels — c'est-à-dire tout ce qui peut nuire le plus aujourd'hui au socialisme. Depuis vingt ans on n'a rien obtenu que par la sagesse, on est allé méthodiquement et légalement à l'assaut de la vieille société.

Les syndicats ont été reconnus ; le travail traite d'égal à égal avec le capital ; toutes les initiatives rivalisent en vue de diminuer les injustices sociales. Lentement, un à un, les vieux préjugés contre les socialistes sont tombés. Et on participerait à une agitation qui ne peut avoir d'autres résultats que des tumultes dans la rue, des attaques contre les personnes ?

Les socialistes ont su se préserver de la contagion. L'antisémitisme a vainement tenté de les englober.

Les trois griefs invoqués contre les juifs : grief religieux, grief national, grief social, n'ayant pas pu donner à l'antisémitisme la force populaire qu'il cherchait, comment s'expliquer l'apparente vitalité dont il fait montre depuis quelque temps ?

Deux événements mal connus, et sur lesquels des rumeurs inexactes ont été mises en circulation, ont donné naissance à l'antisémitisme en France.

Le premier de ces événements est la catastrophe de l'Union générale ; le second est la catastrophe du Boulangisme.

Nous allons exposer, aussi complètement que possible et avec toute l'impartialité qui convient à une notice historique, comment ce krach financier et ce krach politique ont pu avoir l'étrange résultat d'unir dans un ressentiment commun beaucoup des révolutionnaires qui suivirent le général Boulanger, quelques familles de l'ancienne noblesse et une partie importante de la bourgeoisie conservatrice et du clergé.

## II

### L'Union Générale.

Il y a dix ans M. Edouard Drumont n'avait encore écrit aucun livre ; on ne connaissait pas d'antisémites en France. Nul ne pensait chez nous à déclarer la guerre aux juifs. On vivait en bonne intelligence avec eux. Pendant l'invasion, ils avaient fait leur devoir comme les autres citoyens ; le nom de l'héroïque Franchetti, tué à la tête de ses éclaireurs pendant le siège, était resté justement populaire. Après la guerre les riches banquiers juifs avaient aidé puissamment le gouvernement à rétablir le crédit du pays et à libérer le territoire. Les Israélites français, dans le malheur public, s'étaient conduits en bons patriotes.

Il ne serait venu à l'esprit de personne de les accuser de préférer à la France, où ils jouissent de tous les droits, l'Allemagne où les juifs ne peuvent même pas exercer la profession d'officier (1).

1. On se souvient que le fils du grand banquier berlinois Bleichrœder dut donner sa démission d'officier. Ses camarades refusaient de frayer avec lui parce qu'il était israélite.

Ceux qui demeuraient dans les provinces annexées gardaient le culte de la France. Le noble évêque de Metz, Mgr Dupont des Loges, était vaillamment soutenu dans son apostolat protestataire par le grand rabbin de Lorraine. L'évêque et le prêtre de la synagogue se montraient côte à côte aux anniversaires de deuils patriotiques. On n'avait donc aucune raison d'attaquer les juifs. Mais, en 1882, survint le krach de l'Union Générale et de cette catastrophe financière date vraiment la Fronde antisémitique de France.

Les titres de l'Union Générale étaient classés surtout dans la noblesse, le clergé et dans la bourgeoisie conservatrice.

M. Bontoux avait groupé autour de sa banque une clientèle riche, élégante et pieuse. Le faubourg Saint-Germain, auquel il inspirait la plus grande confiance, s'était mis à jouer à la bourse sur les actions de l'Union, comme jadis, dans la rue Quincampoix, la Cour du Régent sur les titres de la banque de la Louisiane. Beaucoup de nobles fortunes furent atteintes par le krach. Dans le premier moment, les victimes cherchèrent un auteur responsable de leur ruine. Dans ce drame il fallait un traître. Ce fut le juif. Une légende se forma que les juifs seuls avaient voulu la mort de l'Union Générale et que, seuls, ils l'avaient tuée.

Cette légende est encore tenue pour véridique par beaucoup d'honnêtes gens, surtout en province. Jamais, jusqu'ici, les fatalités qui pesèrent sur l'Union Générale et qui la précipitèrent, n'ont été exposées.

C'est en janvier 1882 que l'Union Générale succomba. Elle fut écrasée sous le poids de ses fautes et sous le poids des événements. En ce temps, déjà lointain, Gambetta était premier ministre. Il avait été appelé à former un cabinet au mois de novembre précédent. Dans son programme, M. Gambetta avait inscrit une réforme capitale : le rachat des chemins de fer.

Le monde financier, toute la haute bourgeoisie, toute l'école des économistes, tous les monopoleurs furent aussitôt en alarmes. L'Etat s'emparer des chemins de fer? mais c'était du socialisme pur! Laisserait-on s'exécuter cette expropriation? Après les chemins de fer, l'Etat socialiste absorberait les mines, les grandes industries qui donnent de si beaux bénéfices! Il ne fallait pas que cela fût; et pour que cela ne fût pas il fallait renverser Gambetta.

A la chute du grand orateur républicain tous les partis s'employaient à la Chambre : les ennemis de la République, parce qu'ils redoutaient que Gambetta ne la fît trop grande et trop populaire ; les radicaux, qui criaient à la dictature ; beaucoup de députés d'arrondissement, pour qui le mandat était un métier et une rente, et que Gambetta, par le rétablissement du scrutin de liste, menaçait dans leurs petits apanages électoraux ; enfin les intrigants qui n'avaient pas été appelés dans le grand ministère et qui espéraient trouver des portefeuilles dans une crise nouvelle. A tous ces adversaires du cabinet Gambetta, le monde des affaires, inquiété par le projet de rachat des hemins de fer, apporta son formidable secours. En six semaines, la rente 3 0/0 rétrograda de six francs.

Sur la place financière ébranlée par ces coups, l'Union Générale gardait une tenue majestueuse. Elle maintenait les cours de son action de 500 fr. au-dessus de 3.000 francs — ce qui était un cours évidemment exagéré. — Elle eut encore l'imprudence dans cette bourrasque de se livrer à deux opérations dangereuses : l'étranglement de la Banque de Lyon et de la Loire et l'augmentation de son capital.

M. Savary, dont les débuts avaient été si brillants et dont la fin fut si triste, avait fondé, au commencement de 1881, la Banque de Lyon et de la Loire. Le siège de cette société était à Lyon, dans une région où l'Union Générale avait la plus belle partie de sa clientèle. Aussi M. Bontoux ne vit-il pas avec plaisir la formation de la nouvelle société. Pour comble d'audace, la Banque de Lyon et de la Loire s'avisa de faire concurrence à l'Union Générale, dans un pays où celle-ci prétendait au monopole des grandes affaires, en Autriche. M. Savary demanda la concession du Crédit maritime de Trieste, banque privilégiée. Il allait l'obtenir ; et les actions de « Lyon et Loire » étaient montées jusqu'au cours de 1. 900 francs.

S'établir à Lyon, c'était déjà beaucoup; s'implanter en Autriche, c'était trop. M. Bontoux perdit patience. L'Union Générale soit qu'elle opérât directement, soit qu'elle agît par des intermédiaires, écrasa sous des ventes énormes les cours de l'action de sa téméraire rivale. Celle-ci ne résista pas à l'attaque. En moins de trois semaines, après une série de soubresauts, le titre de « Lyon et Loire » était précipité de 1.500 francs au-dessous du pair et méritait que le *Figaro* l'appelât ironiquement une valeur de pères de famille... avides d'émotions. En jetant cette ruine sur le marché, l'Union croyait seulement se débarrasser d'une concurrente ; elle commençait la débâcle qui devait l'entraîner elle-même.

Cela se passait en décembre de l'an 1881. Les effets ne tardèrent pas à se faire sentir. Quoique l'action « Lyon et Loire » ne fût pas classée, c'est-à-dire qu'elle fût seulement une valeur de spéculation, sa chute troubla le marché. En ce moment un richissime capitaliste d'origine et de religion chrétienne, M. Lebaudy, entreprit, et naturellement fut suivi par beaucoup de petits spéculateurs, une vive campagne contre les actions du canal de Suez. Résultat : mille francs de baisse sur cette valeur de premier ordre. La panique était déchaînée à la Bourse. Mais l'Union semblait la braver. Le 10 janvier 1882, son titre était coté encore à 2.800 francs. Pourtant des ventes considérables à terme avaient été effectuées. Mais l'Union avait d'énormes capitaux en caisse, cent millions au 1er janvier. Elle avait supporté le choc, employant son encaisse à soutenir ses cours. A toutes les offres elle avait répondu par des rachats. Pourquoi, au lieu de laisser passer la tempête, cette résistance ? Parce que son émission d'actions nouvelles pour l'augmentation du capital social était prochaine et parce que les nouvelles actions qu'elle allait émettre étant déjà l'objet de transactions en coulisse, sur le marché libre, il fallait que les actions anciennes fussent assez haut pour que les nouvelles ne perdissent pas leur prime.

2

Cette émission dans de pareilles circonstances fut le plus grand malheur de l'Union Générale. Elle intéressa presque toute la place à sa ruine et fournit une excuse à la raison d'État à laquelle on la sacrifia.

Mais à force de répondre aux offres par des demandes, l'Union se trouva débordée. Le 19 janvier, après une lutte de trois semaines, les cours s'effondraient de 2.400 à 1.300 francs en une seule séance. La baisse alors ne s'arrêta plus. Le 1er février on offrait l'Union à 620 fr.; le 2, M. Bontoux était arrêté, puis d'office le tribunal de commerce déclarait la Société en faillite et l'action dont le cours s'était approché le mois précédent de celui des *Banque de France* ne valait plus un centime.

III

## Les causes de la chute de l'Union Générale.

Alors il y eut, dans toute la bourgeoisie conservatrice, une explosion de colère contre les juifs qui avaient, disait-on, causé ce désastre.

L'honorable président de l'Union Générale, recevant le rédacteur d'un journal, quelque temps après sa mise en liberté, s'exprimait sur le compte des juifs avec une incroyable violence. Les mots qu'il prononça ce jour-là, dans un moment où son ressentiment l'égarait, étaient tels, qu'on ne put pas les imprimer. Mais beaucoup d'amis de M. Bontoux recueillirent ses imprécations et, moins réservés que le journaliste, les colportèrent. Lui-même, dans un livre publié en 1888, a réédité, mais sans citer aucun fait probant, la même accusation contre la banque juive. Que celle-ci ait profité de la disparition de l'Union c'est certain, qu'elle n'en ait point été désolée, c'est fort vraisemblable — car le contraire ne serait pas humain. — mais les causes de la catastrophe qui donna naissance à l'antisémitisme sont nombreuses et complexes :

1° Le marché était troublé par la baisse de la rente. A ce moment il eût été sage de la part des directeurs de l'Union de se mettre à l'écart, de prendre une position d'expectative. Au contraire, ils continuèrent à pousser leurs titres à la hausse alors que le courant était à la baisse; ils allèrent à contre-sens.

2° L'Union créa la première panique en abattant sa rivale la Banque de Lyon et de la Loire.

3° Quand le Suez baissa, c'était un nouvel avertissement pour l'Union d'avoir à se mettre à l'abri. Elle n'en tint aucun compte et continua la lutte contre les baissiers en rachetant ses titres. Par là elle se démunit d'argent et quand les demandes de remboursement de dépôts arrivèrent, elle se trouva à court. Si la Société, dès le commencement de la crise, avait fermé son carnet, si elle avait gardé ses disponibilités, ses actions auraient baissé, il est vrai, mais elle-même serait restée debout et, le péril passé, n'aurait pas tardé à se relever, plus forte après l'épreuve.

Toutes ces fautes étant commises, il restait à la fin de janvier une suprême ressource. Pour rembourser les dépôts, on avait recouru à des expédients : sacrifices personnels des administrateurs, de M. Bontoux et de M. Féder, entre autres, emprunts aux sociétés financières sur le portefeuille. Mais ces moyens s'épuisèrent vite, et bientôt on ne vit plus de salut que dans une assemblée générale d'actionnaires. Que les actionnaires apportassent vingt-cinq ou cinquante millions, et le bateau, encore solide quoique désemparé par la bourrasque, pouvait être réparé. C'est ce que pensa

M. Bontoux, c'est ce que lui disaient tous ses amis; c'est ce que redoutaient tous ceux qui étaient intéressés à la mort de l'Union, les vendeurs à découvert d'actions nouvelles qui, si la Société survivait, ne pourraient pas livrer les titres vendus et se voyaient déjà perdus.

Ici la politique et la raison d'Etat interviennent contre l'Union.

En janvier 1882, nous étions dans une crise politique des plus graves. Après deux mois et demi de lutte, le 26 janvier, le grand ministère de Gambetta avait été renversé. Le 30 janvier, M. de Freycinet avait formé un nouveau cabinet où étaient rentrés avec lui : M. Léon Say, aux Finances ; M. J. Ferry, à l'Instruction publique ; et M. Humbert, à la Justice.

Le 31 janvier, un honorable député de l'Hérault, M. Salis, qui appartenait à la minorité gambettiste, écrivit au garde des sceaux pour demander à lui poser une question sur l'attitude du Parquet vis-à-vis de la « Banque catholique de l'Union Générale ». M. Salis ne cherchait évidemment qu'à créer un embarras au cabinet. S'il l'obligeait à intervenir dans les affaires de l'Union, il suscitait contre lui mille récriminations de tous les intéressés; si, au contraire, le gouvernement restait inactif, on pourrait l'accuser de complaisance coupable pour les cléricaux dont l'Union Générale était la banque. Le ministre de la Justice eut plus peur de mériter cet affreux reproche que de ruiner tous les porteurs de l'Union Générale. Le 1er février, il faisait arrêter MM. Bontoux et Féder.

On vit dans cette mesure l'effet d'un complot des juifs. La vérité, c'est que la politique conspira avec tous les ennemis de l'Union. M. Bontoux fut mis à la Conciergerie injustement, et injustement sa banque fut ruinée par la raison d'Etat qui ne permit pas au garde des sceaux de résister à la sommation de M. Salis. Il faut se reporter au temps où ces événements se passèrent si l'on veut les comprendre et les bien juger. L'Union Générale avait emprunté à la personnalité de certains de ses administrateurs un caractère politique.

M. Bontoux était l'ami de M. le comte de Chambord. Il avait pour collaborateurs dans le conseil d'administration des hommes qui s'appelaient M. le prince de Broglie, fils du duc ; M. Eugène Veuillot, directeur de l'*Univers* ; M. le vicomte de Mayol de Luppé, directeur du journal légitimiste l'*Union* ; M. F. Riant, et d'autres homme de même nuance.

C'était plus qu'il n'en fallait pour paraître l'ennemi du gouvernement. Les œuvres de l'Union Générale concordaient avec ces apparences. En même temps qu'elle traitait partout de grosses et bonnes affaires et qu'elle enrichissait sa clientèle, l'Union préparait des œuvres dont le gouvernement de ce temps devait prendre ombrage. Catholique très fervent, banquier, disait-on, du Saint-Père, et dépositaire, disait-on encore, de la caisse noire des légitimistes, M. Bontoux rêvait de constituer à la papauté une fortune qui la mît à l'abri de l'aléa des quêtes du denier de Saint-Pierre et la préservât à jamais de la nécessité de se soumettre à l'Italie en acceptant les revenus stipulés par la loi des garanties. Pour réaliser son dessein, le directeur de l'Union Générale allait solliciter les catholiques de former le *Trésor de Saint-Pierre* que l'Union aurait fait fructifier. Ce projet devait exciter bien des défiances dans un temps où l'anticléricalisme était à peu près la seule politique du gouvernement, au temps de l'article 7 ! Une société française devenant officiellement la banque du pape, voilà qui devait effaroucher beaucoup de gens. L'Italie, se demandait-on, ne prendrait-elle pas ombrage de cette initiative des catholiques français ?

Mais M. Bontoux ne s'inquiétait pas seulement du sort de la papauté. Il pensait à organiser une grande propagande religieuse en France même. Le gouvernement avait commencé à laïciser les écoles et les hôpitaux. En face de l'enseignement et de l'assistance officiels, le président de l'Union Générale voulait soutenir l'enseignement et l'assistance libres par les religieux. Le *Trésor de la foi catholique*, créé par voie de souscription, fournirait les ressources nécessaires à ce grand ouvrage.

## IV

### La haute banque.

Ce second projet, plus encore que le premier, était fait pour inquiéter l'Etat. Certes, c'est le droit des particuliers de faire de leur argent tel usage qui leur convient, de le donner au pape ou de s'en servir pour bâtir des hôpitaux — ce qui est une très noble façon d'être prodigue. — Mais l'Union Générale n'était pas un particulier ordinaire. C'était une société civile en possession d'immenses richesses et d'une grande influence sur une clientèle opulente. Elle était la reine de la haute finance. Or, il y a toujours eu entre les grands établissements de crédit, comme entre les grands banquiers et l'Etat, un accord tacite, en vertu duquel ceux-là doivent s'abstenir et toujours s'abstiennent, sauf dans les circonstances exceptionnelles, de toute immixtion dans les affaires de la politique intérieure.

Il serait intolérable, en effet, que des puissances d'argent aussi considérables que celles de la haute banque et des grandes Sociétés financières s'employassent contre le Gouvernement.

Ce devoir de non-intervention dans les luttes des partis est tellement bien compris par les financiers, qu'on ne citerait pas un journal parisien qui soit la propriété d'une maison de la haute banque ou d'une des grandes Sociétés de crédit. Et pourtant il suffirait à telle maison de le vouloir pour être bientôt propriétaire de presque toute la presse, surtout depuis que le capital des journaux est divisé par actions. Leur intérêt aussi bien que l'intérêt de l'Etat, dont le crédit soutient le leur, avertit donc les grands financiers de se tenir à l'écart de la politique.

L'Union Générale, avec les sentiments dont l'animaient ses administrateurs et par les projets de son président, manquait au contrat, rompait la neutralité que l'Etat demande aux grands manieurs d'argent. Elle était une forteresse pour l'opposition, elle encourageait les ennemis de la République, leur faisait espérer des subsides, si elle ne leur en donnait déjà, contrariait enfin la politique du gouvernement, et pouvait devenir un grand embarras. Quand le garde des sceaux fut mis en demeure de prendre des mesures contre l'Union Générale, toutes ces considérations durent se présenter à son esprit. Si l'intérêt des créanciers de la banque de M. Bontoux avait été seul en jeu, le ministre aurait eu probablement moins de précipitation. Avant d'agir pour sauvegarder ce très respectable intérêt, il aurait été sage d'attendre l'assemblée générale qui sans doute eût rempli les caisses de la Société. Mais si on attendait que cette réunion eût lieu, l'Union Générale se sauvait, et on avait l'air de protéger une banque cléricale, on donnait prise aux critiques de l'opposition ; on sacrifiait enfin l'existence des trois quarts du marché.

En effet, si l'Union ne disparaissait pas, tous les engagements faits sur ses titres étaient maintenus. Il aurait fallu bientôt, à la date de l'émission qui s'approchait, que les vendeurs d'actions nouvelles livrassent les titres qu'ils avaient vendus par avance ; or ils ne les avaient pas, car M. Bontoux avait naturellement réservé à sa clientèle le bénéfice de la souscription aux actions nouvelles. Donc les spéculateurs à la baisse — et presque tout le marché avait pris cette position — auraient dû payer ou d'énormes différences ou d'énormes reports ou sauter. La ruine, c'était ce qui attendait la plupart d'entre eux, si un incident ne venait pas permettre d'annuler tant d'engagements qu'on était incapable de tenir.

Par conséquent le garde des sceaux se trouvait dans cette alternative :

1° Ou laisser l'Union Générale vivre et ruiner la place;

2° Ou sauver la place en portant un coup décisif à l'Union Générale.

La déconfiture de la Banque catholique présentait l'avantage de déjouer une manœuvre d'opposition, de sauver un grand nombre de maisons de second ordre et même de premier ordre, de créer dans le monde financier des amis au cabinet et de permettre sur le marché déblayé une reprise d'affaires. Et tous ces avantages on les acquérait en sacrifiant seulement des ennemis avérés de la République.

Telles furent les raisons d'Etat qui déterminèrent le ministre de la justice, et le ministre de la justice seul car il ne saisit pas le Conseil de la question, à mettre en mouvement l'action publique.

Le parquet avait été saisi d'une plainte par un des dépositaires de l'*Union* qui, venant retirer son argent, avait trouvé guichet fermé. Répétons-le, si on eût été animé de quelque bienveillance pour l'Union Générale, si seulement le ministre avait voulu garder la neutralité, on eût attendu pour commencer les poursuites la tenue de l'assemblée générale; on eût accordé à M. Bontoux un répit de trois jours! Mais pendant ce temps l'interpellation Salis serait portée à la tribune; comment le garde des sceaux justifierait-il son inaction quand une plainte était régulièrement déposée? Vraiment dans les circonstances politiques où l'on se trouvait, il était impossible de temporiser. Le chef de la sûreté alla donc chercher dans les bureaux de l'Union Générale MM. Bontoux et Féder, et la Banque catholique agonisante fut achevée.

En d'autres temps, les autres établissements de crédit se seraient peut-être concertés pour parer au danger. Nous avons vu deux fois, en ces derniers temps, le ministre des Finances s'interposer pour atténuer la gravité de désastres financiers et empêcher un trop violent ébranlement du crédit (Comptoir d'Escompte, Société des Dépôts et Comptes courants). Mais ces interventions n'étaient pas encore à la mode. D'ailleurs, quel ministre de la

République aurait eu l'âme assez haute, quatre ans après le Seize-Mai, pour venir au secours d'une banque qu'administrait le prince de Broglie ? Gambetta, peut-être ? Et encore !

On raconte, en effet, que vers le milieu de janvier, le *Figaro* ayant publié une note où il accusait le président du Conseil de favoriser les manœuvres des baissiers, et de laisser ainsi s'accomplir un attentat contre la fortune nationale, Gambetta fut sollicité par ses amis de protester. C'était à table, pendant le déjeuner : « Non, répondit Gambetta, je ne veux pas relever une pareille attaque. Toutes ces affaires de bourse ne regardent pas le gouvernement. » Il est donc à présumer que si le Grand Cabinet avait duré quelques jours de plus, Gambetta serait tout au plus resté indifférent. Mais quand la catastrophe arriva, c'est-à-dire quand l'Union suspendit ses paiements, nous vivions sous d'autres ministres. Ce que le gouvernement ne voulut point tenter, les grandes sociétés financières ne l'entreprirent point. Pourquoi? Parce que l'Union Générale était montée trop haut. Elle couvrait l'Europe centrale de ses entreprises. En France elle attirait la plus grande partie des capitaux. Devenue la banquière du clergé et des petites gens catholiques, aussi bien que des grands seigneurs, elle avait porté atteinte à tous les intérêts. Son immense dépouille était convoitée par tous : par les puissants auxquels elle ne laisserait bientôt, si sa prospérité continuait, que ses restes, et par les petits auxquels elle ne laissait rien.

Avec le succès et la richesse, toutes les haines et toutes les envies s'étaient soulevées autour d'elle formant une coalition formidable. Quand elle fut en péril, chacun espéra que dans ce grand déchirement il lui resterait dans la main quelque bon morceau. Trop grande pour s'être solidarisée avec aucun, ayant toujours marché seule, à sa dernière heure l'Union se trouva seule.

Elle tenait trop de place. Ses rivaux — qu'elle avait abaissés, — ceux à qui elle portait seulement ombrage, lui firent bien, sur son portefeuille, l'avance de quelques millions, mais ils ne s'imposèrent pour son salut aucun des sacrifices nécessaires. Elle expira.

Ce fut un malheur, un grand malheur. D'abord il est toujours fâcheux de voir la raison d'Etat dominer la justice et des intérêts particuliers sacrifiés à la politique ; ensuite, beaucoup d'honnêtes gens furent frappés dans leurs fortunes honorablement acquises. Cette clientèle de l'Union Générale, composée de bourgeois riches, d'ecclésiastiques, de gens du monde, ne rêva plus que revanche. Les sinistrés — et l'on peut ainsi parler, car l'Union disparut aussi vite qu'une maison incendiée — voulurent récupérer ce qu'ils avaient perdu. En courant après leur argent, ils tombèrent dans les pièges de ces escrocs qui promettent jusqu'à 120 0/0 d'intérêts par an.

Les actionnaires de la fameuse banque de M. Bontoux étaient, pour la plupart, des gens étrangers aux affaires.

Après le krach, les aigrefins de la basse finance les abusèrent aisément. C'est eux, encore, qui ont été les victimes des Mary-Raynaud, des Macé-Bernaud et des émules de ces écumeurs. Le grand krach, en dispersant tous ces gogos candides, en fit une proie facile pour les spéculateurs sans vergogne et causa indirectement d'autres krachs moins retentissants mais féconds, eux aussi, en désastres.

L'épargne française a donc été fortement éprouvée par la catastrophe de 1882 et par ses conséquences. Mais cette catastrophe eut un autre résultat fâcheux : en donnant naissance à une légende fausse comme tant de légendes, elle éveilla l'antisémitisme en France. Une foule d'intérêts, intérêts particuliers et intérêts d'Etat, s'étaient momentanément ligués contre l'Union Générale. On ne démêla pas tout de suite cet écheveau. M. Bontoux dénonça les banquiers juifs comme les seuls auteurs d'un désastre que ses fautes avaient préparé et que la politique intervenant au jour suprême avait rendu irréparable. Des journaux, puis ses actionnaires, répétèrent la dénonciation.

Elle fut acceptée comme parole d'Evangile par les victimes du krach, dans la bourgeoisie distinguée et dans le monde ecclésiastique. Mais le peuple n'y prit d'abord pas garde. Les affaires des spéculateurs de l'Union Générale n'étaient pas ses affaires. Il le témoigna bien. Quand M. Drumont commença sa prédication il trouva pour ses livres des acheteurs, mais pour ses idées de révolution rétrograde, il ne rencontra nul partisan.

Il fallut les événements de 1889 et les malheurs du boulangisme pour donner un commencement de popularité à une petite agitation qui ne s'était pas manifestée jusque-là hors des clubs et des presbytères.

V

## L'antisémitisme et le boulangisme.

Dans les commencements de l'agitation boulangiste, l'antisémitisme n'eut aucune part. On pensait à toute autre chose, à la revanche, à la guerre prochaine. On était, après l'affaire Schnæbelé, dans une effervescence de patriotisme. Quand, après la mise à la retraite du général Boulanger, on entreprit la grande campagne qui devait si tristement finir dans une si cruelle déception, les boulangistes, tout à leur programme généreux de ralliement, de réconciliation générale, se gardèrent bien de rien faire pour s'aliéner les juifs. Aussi bien, dans le jeune parti, on était entre républicains et les républicains n'étaient guère allés à l'école de M. Drumont. Puis dans l'état-major boulangiste il y avait des Israélites, dont les plus marquants étaient MM. Naquet et Eug. Mayer. Il eût été de mauvais goût et malhabile de déclarer la guerre à la race à laquelle appartenaient ces deux amis de la première heure, ces deux conseillers intimes du Général. La République que les boulangistes disaient vouloir et voulaient très sincèrement faire tolérante, accessible à tous, ne pouvait pas plus être antisémite qu'anticatholique.

C'est plus tard seulement, après que M. Eugène Mayer se fut retiré du Comité national, qu'on s'avisa qu'il était juif et qu'on se mit à attaquer les juifs dans certains milieux boulangistes. Au mécontentement amené par le changement de front de la *Lanterne*, s'ajouta l'irritation causée par la campagne très serrée de M. Joseph Reinach. M. Reinach ne cessait pas de réclamer contre le parti républicain national l'application des lois de rigueur. Chacun sentait que ces conseils finiraient par être entendus et suivis. Et comme M. Reinach est juif, c'est comme juif autant que comme polémiste, qu'il fut pris à partie.

En même temps, dans les campagnes électorales où les conservateurs donnèrent leurs suffrages au Général, il s'établissait entre eux et certains boulangistes des contacts. Ces conservateurs de province, que les krachs avaient éprouvés et qui avaient lu M. Drumont, applaudissaient aux déclarations socialistes des boulangistes. Mais ils les traduisaient à leur manière. Pour eux, le socialisme c'était la guerre aux juifs. Les boulangistes, qui ne voulaient décourager aucune bonne volonté, ne contredisaient pas, s'ils n'approuvaient pas. Ils se trouvaient en présence d'antisémites ; ils n'avaient pas de temps à perdre en discussions académiques ; l'antisémitisme était peut-être une petite force. Il était habile de s'en servir, de la faire converger vers le but où on visait. A quelques-uns mêmes cette force parut plus grande qu'elle n'était. Certains orateurs, certains journalistes crurent qu'il fallait abonder dans le sens des antisémites. Il y eut des discours et des articles propres à flatter la passion de ceux-ci. Dans le grand concert, on distinguait, en prêtant l'oreille, une partie antijuive.

Le Comité national et le général Boulanger ignoraient cette propagande. Pourquoi auraient-ils pris parti contre l'antisémitisme, plutôt que contre toute autre opinion? La consigne était de rallier des adhérents, de recruter des partisans. Les écrits et les paroles des lieutenants, des agents électoraux n'engageaient qu'eux; ils ne compromettaient pas le Général plus que ne le compromettaient, croyait-il, du côté monarchiste, les effusions boulangistes de M. Arthur Meyer.

Ainsi, lentement, il y eut dans les couches profondes du boulangisme une infiltration d'antisémitisme. Le couplet contre les juifs fut de rigueur dans certaines assemblées. Si le Général n'y prenait pas garde, les intéressées s'en alarmaient. Les juifs qui n'avaient pas pris tout d'abord position pour ou contre le boulangisme, se déclarèrent presque partout contre. Il en restait cependant beaucoup d'indécis. Pendant la période électorale qui précéda l'élection parisienne du 27 janvier, ils se résolurent à demander une explication qui dissipât l'équivoque. M. Maurice Vergoin, député de Seine-et-Oise et membre du Comité national, avait, dans une réunion, fait une violente sortie contre les juifs. Quelques-uns de ceux-ci se rendirent en députation chez le général Boulanger et le prièrent de leur dire si M. Vergoin avait parlé en son nom ou au nom de tout son parti. En un mot, le parti républicain national était-il ou n'était il pas antisémite? Le Général reçut la députation avec cette affabilité qui charmait tous ses visiteurs. Il les rassura en désavouant M. Vergoin. Ce député, dit-il à peu près, n'avait exprimé que son opinion personnelle. Peut-être même se croyant devant un auditoire d'antisémites avait-il exprimé plutôt les sentiments de l'auditoire que les siens propres. Quoi qu'il en fût, les juifs, qui étaient des citoyens et des Français comme les autres, n'avaient rien à craindre du triomphe du boulangisme. Au contraire.

Les délégués se retirèrent convaincus certainement de la bonne foi du Général dont ils publièrent les paroles. Mais quelques jours plus tard, M. Chincholle s'en allait interviewer M. Drumont et apprenait de ce dernier qu'il voterait, le 27 janvier, en sortant de la messe, pour le général Boulanger. Les juifs de Paris se tinrent pour avertis et donnèrent leurs suffrages, en majorité, à M. Jacques. Le III^e^ arrondissement, où la population israélite est la plus dense, fut le seul où le candidat du gouvernement l'emporta au 27 janvier sur le candidat des oppositions réunies.

Cette politique des électeurs juifs avait été encouragée secrètement par les plus importants d'entre eux. Non pas que les grands barons de la finance fissent campagne contre le boulangisme. Mais ils ne croyaient pas au succès du général; et ils le disaient. Le 27 janvier, au matin, M. A. de Rothschild, à ce qu'on assure, était convaincu que M. Jacques l'emporterait de quarante ou cinquante mille voix. Il exprima cette opinion, qui dominait dans la Haute Banque, à l'un de ses amis qui était venu lui demander, de la part du général, de vouloir bien agir sur la Bourse, le 28 janvier, afin que la victoire du boulangisme ne fût pas saluée par une baisse de la rente.

M. le comte Dillon, en homme d'affaires consommé qu'il était, comprenait que le crédit de son parti serait considérablement augmenté dans la bourgeoisie, si le monde des affaires ne montrait pas d'alarme devant la perspective d'une prochaine arrivée des boulangistes au pouvoir. Ce qu'il aurait voulu, c'est que la rente haussât sur le succès du Général. Mais c'eût été trop demander. Il envoya donc chez les principaux financiers et auprès de quelques administrateurs des grandes sociétés de crédit, des émissaires chargés d'obtenir que les banques françaises ne favorisassent pas les baissiers allemands qui, sous prétexte que « Boulanger c'était la guerre » essayaient d'écraser le marché, en remplissant leurs poches, bien entendu. Cette demande partout fut bien accueillie. Il ne pouvait guère en être autrement étant donnés les termes où elle était présentée. La maison de Rothschild et ses puissants voisins de la haute banque qui avaient été l'objet des mêmes sollicitations ne firent aucune vente le 28 janvier. Ils laissèrent le marché à lui-même, et il n'y eut sur le 3 0/0 qu'une dépréciation de 20 centimes, insignifiante dans la grave crise que l'on traversait. Cette indifférence relative de la Bourse, en même temps qu'elle plaisait au général Boulanger, ne déplaisait pas, au contraire, au gouvernement, dont un krach financier eût augmenté les embarras.

Dans cette circonstance, la haute banque suivit

3.

la politique qui lui est imposée par les conditions mêmes de son existence. Maîtresse du marché des fonds publics, en contact avec le pouvoir quel qu'il soit, par la position prépondérante qu'elle occupe à la Banque de France, dans les compagnies de chemins de fer et dans toutes les grandes Sociétés de crédit, la haute banque, nous l'avons déjà dit, s'est condamnée elle-même, en politique, à la neutralité. Ses intérêts sont trop considérables et surtout trop durables pour qu'en appuyant un parti elle s'expose à l'inimitié des autres.

En ces dernières années, on n'a vu qu'une fois la haute banque s'associer à une campagne politique. Ce fut contre Gambetta, pour des raisons que nous avons exposées ailleurs.

Mais c'est là un cas d'intervention de la haute banque dans la politique, tout à fait exceptionnel. En général, les puissants financiers s'abstiennent volontairement de toute immixtion dans les querelles des partis. Cette démarche officieuse, auprès des personnalités de la haute banque, dans un but parfaitement louable, pour que sa vietoire électorale de Paris ne jetât pas le désarroi parmi les porteurs de valeurs françaises, fut la première que le général Boulanger fit faire auprès des grands financiers. Jusqu'alors il n'avait pas eu besoin d'eux et les avait négligés. Mais on comprend qu'à la veille de devenir, il le croyait comme tout le monde, le chef de l'Etat, il eût des préoccupations d'homme de gouvernement et voulût entrer en bons rapports avec cette haute finance dont aucun pouvoir n'est entièrement indépendant dans la société contemporaine.

## VI

### La négociation Billing.

Jusqu'aux élections législatives, il n'y eut pas d'autres négociations entre le boulangisme et les grands banquiers. A vrai dire, quelques-uns de ceux-ci furent sollicités à différentes reprises, mais non par le Général, de s'intéresser à la propagande revisionniste. Ces demandes rencontrèrent toujours l'accueil le plus froid. C'est seulement quand on s'occupa de la confection des listes électorales, que des pourparlers sérieux, cette fois, furent engagés.

Le général Boulanger avait fait la connaissance du baron de Billing, un diplomate d'origine alsacienne, dont le nom est bien connu dans toute l'Europe et qui vient de mourir si prématurément en laissant derrière lui tant de sincères regrets, M. de Billing était fort lié avec MM. de Rothschild. Il avait été le camarade de collège de l'un d'eux et n'avait jamais cessé d'être un des familiers de leur maison.

Il s'y prit avec une grande habileté pour amener

le baron Alphonse de Rothschild à soutenir sans presque le savoir des candidats boulangistes en Algérie.

L'Algérie compte trente mille électeurs d'origine israélite qui sont entrés en jouissance des droits de citoyens en vertu d'un décret-loi de M. Crémieux en 1870. Ce gros bataillon est le maître dans toutes les élections parce qu'il est uni, et il est resté uni, parce que certains Algériens n'ont pas cessé d'insulter les juifs en tant que juifs, et de réclamer l'abrogation du décret de 1870. Menacés ou se croyant menacés, les israélites algériens se sont serrés les uns contre les autres. Ils forment un bloc.

En France, où l'antisémitisme vient seulement de faire son apparition, les juifs se sentant en parfaite sécurité se sont disséminés dans toutes les directions. Le plus grand nombre est républicain. Mais parmi ces républicains il y a des centre-gauche, des opportunistes, des radicaux, des socialistes. Il y avait des juifs dans la Commune. Il y en a qui sont conservateurs bonapartistes ou même royalistes. Chacun est allé où le portait son tempérament. Pendant le boulangisme même on a pu voir un exemple frappant de cette dispersion des juifs dans tous les partis. L'homme qui a inspiré la politique de résistance du gouvernement est un israélite M. Reinach. Du côté des boulangistes, la droite était menée par un autre israélite, M. Arthur Meyer, et les républicains par un troisième juif, M. Naquet. En Algérie les juifs n'ont pas eu cette liberté. Attaqués par tous, excepté par les républicains de gouvernement, ils votent pour leurs candidats. Un juif algérien qui serait radical, de tendance, ne pourrait pas, sans abjurer toute dignité, faire de la politique avec les radicaux de son pays pour qui c'est un impérieux besoin de flétrir « les sales juifs ». Un très brave homme que nous avons connu à Alger, M. Jacob Jaïs, qui a obtenu la croix de la Légion d'honneur pour de nombreux faits de sauvetage, et qui exerce sur ses coreligionnaires une grande influence, nous disait un jour : « Nous ne sommes pas toujours contents de la politique que font nos représentants. Mais eux, au moins, ne nous injurient pas. Nous ne pouvons pas pousser l'amour pour les principes jusqu'à voter pour ceux qui nous vilipendent. »

Telle est la situation politique de l'Algérie : d'un côté des citoyens français d'origine métropolitaine qui se divisent en deux partis, des modérés et des radicaux, ces derniers antisémites ; de l'autre côté des citoyens français d'origine indigène et israélites de religion.

Le baron de Billing alla trouver M. Alphonse de Rothschild et lui représenta que, sans faire de politique proprement dite, il devrait au moins se préoccuper du sort de ses coreligionnaires d'Algérie. La victoire électorale du général Boulanger était certaine aux élections de septembre et d'octobre 1889.

Dans l'intérêt de la paix publique en Algérie il était nécessaire que les juifs ne se déclarassent pas contre les boulangistes, qu'au contraire ils s'entendissent avec ceux-ci pour faire passer leurs candidats et obtenir d'eux des engagements. Si cet accord ne se faisait pas, il était à craindre que la violence du courant boulangiste ne l'emportât en Algérie comme partout et que ce grand pays, qui compte 30.000 électeurs israélites, ne fût représenté par des députés teintés d'antisémitisme.

M. de Billing concluait en demandant au baron de Rothschild de faire recommander aux communautés juives d'Algérie une liste de candidats boulangistes, en tête de laquelle lui, Billing, serait placé.

Mais pendant que cette tentative était faite, les journalistes et les orateurs du boulangisme travaillaient sans le savoir à l'empêcher d'aboutir.

La collaboration supposée de M. J. Reinach avec le procureur général au réquisitoire contre le général Boulanger avait redoublé contre les israélites les colères que l'évolution de M. Eug. Mayer avait fait naître et qu'attisaient encore les ressentiments des victimes du krach de 82. Aussi les juifs étaient-ils fort malmenés dans les papiers du parti national. Leurs attaques furent si vives, que M. Naquet, qui connaissait, lui, la négociation Billing, intervint. Il adressa à un journaliste, M. Mauvrac, qui se distinguait par son antisémitisme, des observations fort vives. Mais ces observations furent attribuées à des sentiments de solidarité israélite que l'on prêtait à M. Naquet. Le vice-président du comité ne s'expliquait pas, ne disait pas : « Nous recherchons l'appui électoral des juifs en Algérie. Votre polémique peut faire échouer la négociation. » M. Mauvrac se persuada que M. Naquet parlait en juif et non en homme politique; et comme ses articles avaient du succès sur une partie du public, il ne cessa pas sa campagne. Il en résulta que le baron de Rothschild, qui n'avait pas cédé encore aux sollicitations de M. de Billing, leur opposa brusquement une fin de non recevoir. Il offrit à M. de Billing de l'appuyer, mais lui seul, parce qu'il était son ami et en dehors de toute préoccupation politique.

Les boulangistes en Algérie se trouvèrent donc réduits à leurs seules forces; les israélites votèrent contre eux. Ils furent tous battus. Quant à M. de Billing, il ne se présenta même pas. Arrivé à Constantine, il sonda le terrain, ne se reconnut pas de chances sérieuses et s'en alla, en conseillant aux républicains boulangistes de voter pour l'honorable M. Forcioli, qui a toujours dans les Assemblées appartenu au parti libéral.

## VII

### Le marquis de Morès.

Pendant que ces négociations se nouaient et se dénouaient entre les plus marquants des israélites et le Comité national, les antisémites faisaient à Paris une manifestation plutôt hostile aux boulangistes. M. Drumont et quelques-uns de ses amis avaient fondé la Ligue nationale antisémitique de France, dont le siège est à Paris, rue Clignancourt. Cette ligue ne crut pas qu'elle dût laisser passer les élections sans manifester. Elle conseilla à ses membres la neutralité entre les partis qui se disputaient la France. Les antisémites ne devaient voter ni pour ni contre les boulangistes; cette consigne ne fut pas scrupuleusement observée. L'antisémitisme, l'événement le prouva, n'avait pas encore de clientèle, et celle que M. Drumont s'était faite n'était pas assez disciplinée pour lui obéir jusqu'à l'abstention dans une crise qui passionnait toute la France. Les antisémites votèrent donc et le plus grand nombre pour les candidats boulangistes. Il y en eut même qui prirent une part active à la bataille électorale. Le marquis de Morès est le plus connu de ces agitateurs antisémites. Dès le mois d'août 1889, on le vit guerroyer à côté des membres du Comité national. Adversaire personnel de M. Constans, contre lequel il a rapporté des griefs d'Indo-Chine, M. de Morès alla à Toulouse aider M. de Susini, auquel on avait confié la tâche ingrate de combattre la candidature du ministre de l'intérieur.

Rentré à Paris après une honorable défaite, M. de Susini parla avec enthousiasme à ses amis du marquis de Morès. Avant d'être connu des membres du Comité national, le jeune volontaire, qui avait donné sans compter tout son concours à à M. de Susini, était sympathique à tous. Que vienne une occasion de lui être agréable et certainement on ne la laissera pas échapper.

Après les élections législatives, le Comité national, accru de tous les nouveaux élus, se trouva contenir une majorité antisémite assez forte. Les colères excitées par M. Reinach, par M. Eug. Mayer, la sympathie gagnée par M. de Morès par sa campagne à côté de M. de Susini, la nécessité où l'on se trouvait de recruter des partisans pour réparer les pertes de la dernière campagne, rendaient facile un rapprochement des boulangistes et des ennemis des juifs. L'élection de Francis Laur à Neuilly fit ce rapprochement.

M. Fr. Laur, ayant été invalidé, se représentait devant ses électeurs. Il n'est pas riche, M. Laur. M. Drumont lui offrit le patronage de la Ligue antisémitique et le député invalidé de Neuilly put accepter sans le moindre scrupule ce concours, car il était depuis longtemps l'ami personnel de M. Drumont et il en partageait les idées : sa politique à la Chambre l'avait déjà prouvé. Il était donc tout naturel que les antisémites soutinssent le seul homme politique qui eût jamais parlé en leur nom au Parlement. La propagande électorale se fait par des affiches et par des réunions. La Ligue posa des affiches en faveur de M. Laur dans la circonscription de Neuilly, et elle décida d'organiser un grand meeting.

Ici, commence le rôle très actif, presque prépondérant dans l'antisémitisme, de M. de Morès. Ennemi des juifs, le marquis l'est certainement. Mais s'il n'est plus royaliste, et il faut le croire puisqu'il le dit, du moins en 1890 l'était-il encore. Il vit dans l'agitation électorale de la circonscription de Neuilly une bonne occasion pour mettre en contact avec le peuple quelques jeunes gens du monde monarchique. Il voulait, comme il nous l'a dit lui-même, préparer à ces jeunes gens une popularité qui pût servir un jour à la cause de la royauté. Il se mit en campagne dans les clubs pour amener le plus grand nombre possible de ses amis à la réunion électorale du 18 janvier 90 : « Je parlerai, disait-il. Vous entendrez Drumont et tous les orateurs du parti boulangiste : Déroulède, Laisant, Susini, etc... » Ceux auxquels s'adressait M. de Morès n'avaient pas ses arrière-pensées. Ils cédèrent à la curiosité. Entendre parler Morès, un camarade, « voir comment il s'en tirerait, » c'était une forte tentation. Connaître enfin par ses yeux et par ses oreilles ces orateurs boulangistes qui avaient soulevé la France et qui avaient failli renverser le gouvernement, c'était une autre tentation non moins forte que la première. La réunion de Neuilly serait bien plus amusante que la fête de Neuilly. On décida d'y aller, on s'engagea vis-à-vis de M. de Morès, sans se rendre compte exactement de ce qu'on faisait, sans y réfléchir, sans y penser « parce que ce serait drôle ».

De son côté, M. Francis Laur sollicitait tous ses amis de venir l'assister dans cette réunion qui, disait-il, serait décisive. M. Laur était assez aimé au Comité national ; ses collègues n'avaient jamais eu en vain recours à lui pour les mille petits services que l'on peut se rendre entre compagnons de combat. Puis il avait été invalidé. Comment lui aurait-on refusé ce qu'il demandait? Tous ceux auxquels il s'adressa se mirent à sa disposition, à l'exception, bien entendu, de M. Naquet, qui est israélite, et à l'exception de M. Laguerre, qui ayant été attaqué par M. Drumont ne pouvait pas se rencontrer avec lui sur une estrade de réunion publique.

C'est ainsi que fut préparé le meeting de Neuilly. Les boulangistes y allèrent par amitié pour M. Laur et en pensant qu'il y avait peut-être dans l'antisémitisme une force nouvelle à rattacher à leur cause. Les amis de club de M. de Morès s'y rendirent « pour voir ».

Les discours prononcés furent violents à l'exception d'un seul. M. Drumont, M. de Morès, M. Déroulède, M. Laisant, M. de Susini, rivalisèrent de véhémence. Le lendemain les journaux pouvaient, de bonne foi, écrire que l'alliance était faite entre les boulangistes et les antisémites.

## VIII

### Les élections municipales.

On pensait dès ce moment aux élections municipales qui devaient avoir lieu au mois de mai 1890, à Paris, et où les boulangistes devaient jouer leur dernière partie. M. de Morès voyait quelques membres du Comité national. Il leur faisait connaître son intention de poser sa candidature antisémitique et socialiste dans un quartier excentrique de Paris. Il demandait qu'on ne lui opposât pas de concurrent boulangiste et que, dans une dizaine de circonscriptions à déterminer, le champ fût pareillement laissé libre à ses amis. En échange, le marquis mettrait, disaient ceux avec qui il entretenait des relations, une certaine somme à la disposition du Comité.

Un député de province, membre du Comité, parla un jour dans une séance de cent mille francs qu'il était autorisé à offrir au nom des antisémites.

Le personnage qui s'exprimait ainsi n'ayant aucune autorité, on ne fit pas attention à sa proposition. Mais les illusions des partisans de l'alliance avec M. de Morès en furent accrues.

Pendant que les antisémites du comité tenaient ces conciliabules avec M. de Morès, leurs collègues déclaraient hautement qu'il n'accepteraient pas de marcher, eux, des démocrates, avec des hommes qui parlaient de faire une guerre de race ou une guerre de religion. Les discussions furent ardentes. M. Naquet parla de se retirer. Les antisémites qui comptaient sur la majorité et qui espéraient rallier le Général à leur opinion reculèrent devant cette menace et, d'un commun accord, on décida que la question de la coalition avec MM. Drumont et de Morès ne serait discutée qu'à Jersey sous la présidence et en présence du général Boulanger.

Sur ces entrefaites, M. Drumont publia, en mars 1890, un volume intitulé la *Dernière Bataille*, dans lequel un long chapitre était consacré au général Boulanger. S'il s'était contenté de blâmer la politique du Général, c'eût été, au moment où son parti cherchait à s'unir aux boulangistes, une maladresse encore réparable. Mais l'ardent pamphlétaire était remonté jusqu'à la famille du Général et il avait cherché à accabler le fils en racontant les histoires les plus offensantes pour la mémoire du père. De tels procédés devaient exaspérer et exaspérèrent les amis du Général. En vain M. de Morès essaya, dit-on, de faire ajourner, après les élections, la publication de ce livre qui devait brouiller toutes les cartes. M. Drumont fut intraitable. Pour comble de malhabileté, il dédia son volume à l'homme d'action du parti, à celui qui avait engagé les pourparlers avec les boulangistes, à M. de Morès. Par cet hommage, le négociateur de l'entente avec les boulangistes devenait solidaire de l'écrivain qui avait insulté le général Boulanger. Dans de telles conditions toute action commune devenait impossible.

On le vit bien à Jersey, quand, à la fin de la séance, la question antisémitique fut mise à l'ordre du jour. Le Général écouta d'abord en silence un éloquent discours de M. Naquet; puis, avec une indignation bien sincère et bien respectable, il déclara qu'il lui était impossible de mettre sa main dans la main des hommes qui avaient outragé son père mort. Il dit qu'il ne reconnaîtrait plus pour ses amis ceux qui ne désavoueraient pas les calomniateurs.

Sous cet orage, M. Laur n'abandonna pas son ami. Il répondit : il comprenait que les antisémites et les boulangistes ne pouvaient plus s'allier ; mais il avait vis-à-vis de M. Drumont des obligations qu'il ne pouvait pas oublier. Alors éclata une scène d'une grande violence. Le Général s'écria que M. Laur n'avait qu'à se retirer, qu'il ne le reverrait plus. On s'empressa pour le calmer, et, pour le consoler, autour de M. Laur qui ne cachait pas son émotion. Au déjeuner qui suivit, la réconciliation eut lieu. On poussa M. Laur à porter un toast. Il le fit en termes émus, les yeux pleins de larmes. Le Général lui tendit la main et tout fut oublié.

La décision du Comité de combattre les antisémites occasionna un changement dans l'attitude de beaucoup. Ceux qui s'étaient le plus engagés avec M. de Morès se retournèrent. M. Déroulède, un des plus violents orateurs de Neuilly, prononça contre l'antisémitisme de véhémentes philippiques. Un des membres du Comité qui était alors l'ami personnel de M. Drumont mais qui n'avait jamais été le partisan de ses idées, qui avait toujours protesté contre la guerre de race prêchée par les antisémites, dut à sa position électorale de faire campagne contre M. Drumont même au Gros-Caillou. Dans ce dernier effort du boulangisme, dans ce Waterloo politique, chacun fit son devoir, jusqu'à la fin. Il n'y eut pas aussi longtemps qu'on put espérer que le Général se déciderait à donner de sa personne une seule hésitation parmi ceux qui l'entouraient. Cette bataille des élections municipales envenima les haines que les hommes de l'état-major boulangiste avaient bravement encourues pour le service de leur parti et de son chef.

On connaît l'issue. Les boulangistes furent battus. Quant aux antisémites, c'est à peine s'ils firent parler d'eux. Leur rupture définitive avec le Comité national leur avait retiré toutes les chances qu'ils pouvaient avoir. M. Drumont eut un nombre de voix dérisoire, si on considère l'éclat de son nom et le prestige de son talent d'écrivain. M. de Morès resta sur le carreau au premier tour. Le peuple de Paris chez lequel les antisémites avaient voulu allumer leurs passions ne se laissa pas séduire. Les ouvriers écoutèrent avec curiosité M. Drumont et M. de Morès, mais ils ne les suivirent pas. Aussi bien ces messieurs ne proposaient rien de bien entraînant. Ils manquaient visiblement d'habileté électorale. M. Drumont parlait de

Fouquet, de d'Artagnan, du gibet de Montfaucon où il fallait pendre les juifs. Comme M. Drumont fait bien la phrase et comme le roman d'Alexandre Dumas a popularisé les souvenirs qu'il évoquait, on l'applaudissait. Mais chacun à part soi pensait bien que ça n'était pas très sérieux, que ce n'était que de la littérature. Pour M. de Morès, il était un peu moins romantique que M. Drumont; il se piquait d'avoir une politique, une doctrine et d'indiquer des solutions à la question sociale. Voici le texte de l'engagement que le marquis faisait signer aux candidats qu'il subventionnait :

« Reçu de M. Morès le devis n° *N* pour 0000 fr. en affiches, imprimés, bulletins de vote, affichage et distribution des professions de foi, 0000 bulletins de vote aux électeurs, plus cinq cents francs en argent pour les frais de mon élection au Conseil municipal en mai 1890. Je m'engage à me présenter comme candidat socialiste-revisionniste et à demander dans ma profession de foi l'établissement d'une institution de prêts aux syndicats ouvriers et la convocation d'une haute cour de justice pour rechercher et punir les accapareurs et les voleurs de la fortune publique. Je m'engage aussi à travailler de toutes mes forces et par tous les moyens à l'élection d'une Constituante pour reviser la Constitution et le Code.

« Fait double à Paris, le 15 mars 1890,

« Certifié conforme : MORÈS. »

Il est à remarquer que dans cet engagement ne sont écrits ni le mot juif, ni le mot antisemite.

Omission évidemment calculée et qui prouve que les antisémites ne croyaient pas en 1890 que leur heure fût venue. Ils ne se présentaient pas alors comme aujourd'hui à visage découvert.

Si M. de Morès n'avait pas avancé l'idée de mettre le crédit à la portée des syndicats et s'il n'avait pas proposé sa Haute Cour de justice pour faire rendre gorge aux accapareurs, il ne se serait guère distingué des autres candidats de l'opposition. Comme eux il demandait la revision de la constitution et la refonte du code. C'était l'essentiel il y a deux ans pour un candidat à Paris. Les masses parisiennes tenaient à ce programme qui avait triomphé au 27 janvier et dont la pression officielle avait seule empêché le triomphe aux élections générales de 89. Dans des assemblées nombreuses on écouta avec plaisir M. de Morès parce qu'il était une recrue venue d'en haut au parti du peuple et parce qu'il défendait des idées populaires. On lui fit aussi des succès quand il parlait de prêter de l'argent aux travailleurs sur la simple garantie de leur travail; c'était là en effet une bonne intention qui méritait des félicitations. Mais personne ne pensait que « ça pût arriver. » M. le marquis de Morès était un aimable et brave gentilhomme qui voulait le bien du peuple. Bravo! criaient les auditeurs et ils s'en allaient contents d'avoir trouvé de la sympathie, presque de la solidarité, chez un homme que ses préjugés de classe auraient dû, semblait-il, retenir loin d'eux.

Quant à la Haute Cour de justice c'était, si on peut ainsi dire, une machine à gros effet de tribune et rien de plus. Elle soulevait des trépignements d'enthousiasme dans les meetings échauffés. Montrer la loi qui condamne à six mois de prison un voleur d'aliments, un homme qui avait faim, la loi qui frappe le vagabond parce qu'il n'a pas d'argent pour se payer un propriétaire et montrer cette même loi qui croit avoir épuisé toutes ses sévérités contre un rafleur de millions, en lui infligeant deux ans d'emprisonnement ; dire que ces traitements sont monstrueusement inégaux, c'est dire la vérité que le peuple aime toujours à entendre dire. Conclure en demandant que les grands voleurs soient contraints de rendre leurs fortunes mal acquises, c'est conclure comme la justice absolue. Malheureusement, comme nous l'avons déjà dit, de telles restitutions ne peuvent plus être imposées en notre temps où toute fortune immobilière est ou grevée d'hypothèques ou partagée entre porteurs anonymes d'actions.

Les auditeurs de M. de Morès trouvaient qu'il avait joliment ison mais que son remède n'était guère applicable, qu'il était chimérique. Après l'avoir beaucoup applaudi et lui avoir donné beaucoup de poignées de mains, ils ne votèrent pas plus pour lui que pour M. Drumont.

Après les élections de mai 90 au conseil municipal de Paris on pouvait croire les antisémites anéantis tant leur défaite avait été complète. Mais de l'extrême gauche et de l'extrême droite il ne tarda pas à leur venir des renforts qui leur permirent de recommencer leur campagne.

## IX

### Le nouvel antisémitisme.

Nous avons montré l'antisémitisme s'éveillant en France sur les ruines de l'Union Générale, se répandant dans les salons de la noblesse et de la bourgeoisie cléricale, devenant une fronde de classe dirigeante.

Ensuite, on a vu dans la confusion des partis, causée par le boulangisme, certains amis du Général prendre contact avec des conservateurs antisémites, en province surtout, attaquer d'abord les juifs avec mesure, puis, après l'évolution de la *Lanterne* et les attaques de M. Reinach, prêcher ouvertement dans les milieux populaires une sorte d'évangile selon Drumont, la guerre non pas des classes mais des races, la guerre des aryens contre les sémites.

Les directeurs du parti boulangiste furent étrangers à cette propagande antisémitique. Mais de grands banquiers israélites qu'on avait sollicités de prêter leur concours aux candidats du Général ayant refusé, après quelques hésitations, de sortir de leur neutralité traditionnelle, on leur en tint rancune. Le bruit se répandit que les juifs avaient subventionné le gouvernement contre le boulangisme; on cita le nombre de millions que tel ou tel banquier avait donnés à M. Constans. Ces rumeurs circulèrent dans les comités, dans les journaux. Bientôt elles furent comme des vérités démontrées et on trouve des hommes de bon sens, d'esprit, de beaucoup d'esprit, parfaitement loyaux, qui croient et qui répètent en toute bonne foi que c'est l'or des juifs qui a sauvé le régime parlementaire de la colère populaire en 1889.

Après leur défaite, les boulangistes étaient donc au plus mal disposés pour les juifs. Il y avait une majorité antisémite au Comité national. Nul doute que malgré la résistance de MM. Naquet, Laguerre, Paul Lenglé, et de quelques autres, l'alliance des partisans du général avec les amis de MM. Drumont et de Morès n'eût été faite, si M. Drumont n'avait pas, dans un livre, attaqué la mémoire de feu M. Boulanger père.

Par égard pour son président, le Comité national fut unanime à lui sacrifier les antisémites. Mais après les élections municipales, quand le général Boulanger s'isola et laissa à ses amis plus de liberté, chacun suivit les impulsions de son tempérament et les suggestions de son entourage. M. Henri Rochefort, convaincu que les juifs avaient aidé ses ennemis en 1889, donna à son journal, si répandu, une teinte violemment antisémite.

En même temps, M. Paul de Cassagnac, qui a groupé autour de l'*Autorité* une nombreuse clientèle était poussé par ses lecteurs du côté de M. Drumont. A droite, l'*Autorité* fait la partie de l'*Intransigeant* à gauche. Les juifs, dans le journal de Rochefort, sont confondus dans la « vidange » ; dans le journal de M. de Cassagnac, juif, canaille et républicain, c'est tout un ; la République est juive.

L'antisémitisme en était là il y a trois mois quand M. Drumont publia la *Libre Parole*. Le succès de ce violent pamphlet quotidien a stimulé le zèle de M. Rochefort et de M. de Cassagnac. Voyant l'antisémitisme sortir du régime de la spéculation pure pour devenir un mouvement d'opinion populaire, ces deux écrivains passionnés se sont mis à faire plus violemment chorus avec M. Drumont.

Ces deux recrues de l'antisémitisme constituent sa seule force. Et encore l'une des deux n'est qu'apparente.

M. Paul de Cassagnac n'est en effet dans le rôle d'ennemi des juifs qu'il vient de prendre qu'une doublure de M. Edouard Drumont.

Nous avons montré les récentes catastrophes financières faisant plus particulièrement leurs victimes dans la classe moyenne, dans la petite bourgeoisie conservatrice, parmi les fonctionnaires et les officiers en retraite les petits commerçants retirés, enfin parmi les ecclésiastiques en quête d'un bon revenu pour leurs pauvres et honorables économies.

Cette clientèle est depuis longtemps celle à laquelle s'adresse M. de Cassagnac. Quand M. Drumont se mit à publier ses livres, les lecteurs de l'*Autorité* en foule écrivirent à leur journal pour lui demander de poursuivre la campagne commencée par l'auteur de la *France juive*. Autant que les nécessités administratives le lui permirent, M. de Cassagnac céda à cette pression de ses abonnés. Il fut bienveillant pour M. Drumont ; il lui ouvrit les colonnes de son journal ; à plusieurs reprises M. Drumont eut des lettres insérées dans l'*Autorité*.

Quand parut la *Libre Parole*, quand l'écrivain qu'on avait favorisé, pour plaire à la clientèle, devint un concurrent, M. de Cassagnac craignant que beaucoup de ses lecteurs n'allassent au nouveau journal qui exprimait mieux leurs passions força la note antisémitique. On peut donc dire que M. Paul de Cassagnac n'a pas apporté un grand secours à l'antisémitisme. Il n'a presque rien donné à M. Drumont. Sa clientèle était antisémite avant qu'il ne le devînt lui-même et s'il ne l'était pas devenu il se serait vu prendre ses abonnés. Pour ne pas connaître ce triste sort il s'est mis à crier très fort contre les juifs. Mais on sait que les cris de M. de Cassagnac pour faire beaucoup de bruit n'ameutent guère les foules. Depuis vingt ans, il vocifère sans écho. Son opposition n'a jamais été bien redoutable. Il manœuvre dans un champ limité ; il ne s'adresse qu'à un public nombreux mais encore restreint. Et ce public n'est guère révolutionnaire. Ce sont de petits bourgeois, toujours mécontents mais timides et dont le mécontentement s'exprime dans l'intimité, chez soi, au cercle du Commerce ou au café de la Comédie beaucoup plus facilement que sur la place publique. Ils détestent le gouvernement mais ils respectent l'autorité. Jamais ces braves gens auxquels, selon l'expression même de M. Drumont, M. de Cassagnac verse chaque jour une dose d'absinthe journalistique, n'ont fait une révolution.

Tout autre est le public de M. Henri Rochefort ; c'est, pour une grande part, l'ardente population des faubourgs des grandes villes, ces masses populaires dans lesquelles le mot d'ordre circule avec tant de rapidité.

Il y a en France plus de trois cents comités populaires qui reçoivent leur impulsion de l'*Intransigeant*. Depuis que leur journal dénonce les juifs, ces comités lui renvoient des ordres du jour chargés d'anathème contre la juiverie. Une délibération de comité n'est pas importante par elle-même. Mais l'insertion de cette délibération dans un journal répandu lui donne de la valeur. Elle attire l'attention des indifférents. Tel qui n'aurait jamais été aux conférences de M. de Morès et qui aurait toujours ignoré M. Drumont achètera un jour la *Libre Parole* ou ira au meeting antisémite pour savoir ce que disent ces nouveaux venus pour lesquels M. Rochefort professe de l'estime puisqu'il ne les attaque pas. Et comme les antisémites ne manquent pas d'habileté, comme ils ont su prendre le langage révolutionnaire, ils gagnent assez vite la confiance des honnêtes gens du peuple de Paris. Celui qui vient d'entendre M. Drumont et qui n'en sait pas plus long s'en va en pensant : « Ces antisémites sont tout de même de bons socialistes qui défendent les petits contre les gros et de bons patriotes qui veulent empêcher les juifs allemands de conquérir la France. » Il n'en faut pas davantage pour gagner des électeurs dans ce peuple de Paris si patriote et si droit.

Le renfort apporté aux antisémites par M. Rochefort est donc de haute importance. M. Rochefort est le seul homme ayant de l'action sur les multitudes qui se soit montré favorable au mouvement d'opposition que mène M. Drumont. C'est grâce à sa neutralité d'abord, et à son concours ensuite, que les antisémites ont pu se faire écouter avec quelque curiosité et ensuite avec faveur dans certains milieux démocratiques. C'est à M. Rochefort qu'ils devront leurs victoires électorales si, contre toute attente et pour le plus grand dommage du socialisme, ils en remportent jamais.

Car, et c'est le point important et c'est la conclusion de cette notice, l'antisémitisme, peu redoutable pour ceux qu'il vise, est un danger pour ce qu'il prétend servir.

Il est une menace pour le socialisme.

X

## Progrès du socialisme.

Le socialisme, vague épouvantail, il y a seulement une dizaine d'années, est aujourd'hui une doctrine parfaitement définie. Il était honni : on l'apercevait à travers les mitraillades de Juin et les incendies de la Commune; comme on n'avait jamais parlementé avec lui qu'à coups de fusil, on ne le connaissait pas. Mais on avait fait aux socialistes beaucoup de mal. On les avait calomniés, exilés, déportés, et on les haïssait pour toutes les persécutions qu'on leur avait fait subir. On les jugeait sur les déclamateurs sans courage qui, après avoir si souvent armé le peuple, avaient toujours su si bien se mettre à l'abri, pendant que leurs dupes, trop pauvres, elles, pour prendre le train, tombaient sous les balles des répressions. Enfin, « ils ne savaient ce qu'ils voulaient ou plutôt ils le savaient trop. » — « C'était la tourbe sociale, des envieux, des paresseux incorrigibles, des déclassés, haineux et avides de jouir, qui cherchaient fortune dans le bouleversement de la société et dans le sang. » Quiconque les défendait était un naïf « qui en reviendrait », ou un pêcheur en eau trouble, « un malfaiteur de plume ». C'est ainsi que M. Henri Maret, qui pourtant n'est guère un révolutionnaire et n'a guère soif du sang des autres, était flétri dans le *Figaro* en 1879 ou 1880, quand il se présenta au conseil municipal de Paris, dans le quartier des Epinettes.

Tout à coup, changement d'attitude et changement de langage. Les socialistes ne sont plus des malfaiteurs, car tout le monde est socialiste. Tout le monde à l'exception de quelques survivants du centre gauche, économistes de la vieille école, qui balbutient encore leur « laissez faire, laissez passer ». Dans la gauche extrême, dans la gauche modérée, dans la droite jusqu'à la plus blanche, on est socialiste. Déjà un empereur, qui valut mieux que son empire, Napoléon III, avait reconnu aux ouvriers le droit de coalition. On va plus loin, sous la République bourgeoise, on accorde aux ouvriers le droit d'association. Ils formeront, s'ils le veulent, des syndicats et ces syndicats, reconnus par la loi, traiteront avec les patrons d'égal à égal. On voit sans étonnement un personnel d'employés faire un procès à la compagnie, gagner son procès et faire saisir le mobilier du conseil d'administration.

Remontez dans vos souvenirs, interrogez-vous. Est-ce que, il y a seulement quelques années, de tels faits se seraient produits? Eussent-ils été possibles? Des ouvriers faire de la procédure légale, attaquer leurs patrons! Mais tant d'impertinence aurait été vite châtiée, on eût congédié les meneurs, on eût rappelé au respect « envers ceux dont ils mangeaient le pain » les cochers de la compagnie des omnibus « égarés par de funestes conseillers ». Aujourd'hui ces faits qui auraient paru monstrueux s'accomplissent et on n'y trouve rien d'extraordinaire. L'esprit public admet, enfin, qu'il puisse y avoir égalité de droits entre les deux facteurs de la production, le capital et le travail. Collaborateurs, ne pouvant se passer l'un de l'autre, qu'ils traitent, qu'ils négocient, comme deux parties libres et indépendantes, et que leur contrat soit, comme tout contrat civil, sous la sauvegarde de la loi, personne ne s'en étonne plus. On en est venu à cette conception éminemment juste, que celui qui achète du travail ne fait pas une aumône au travailleur, que celui-ci n'a pas à se courber servilement sous le bon plaisir du patron, qu'il a réellement le droit de débattre avec le capitaliste les conditions de la collaboration, dont lui-même retirera son salaire, mais dont l'autre retirera son profit.

Un principe d'égoïsme a dominé toute notre législation depuis un siècle : Chacun pour soi. La révolution a isolé l'individu. A chacun de se défendre comme il l'entendrait. L'Etat n'avait pas à intervenir dans cette concurrence vitale. Le patron était libre d'offrir telles conditions à l'ouvrier qui était libre de les accepter, disait-on. Sophisme misérable, car un homme, qui n'a que ses bras et qui a faim, n'a ni le temps ni la force de discuter. Il prend ce qu'on lui jette. Il faut d'abord manger.

Le principe de non-intervention de l'Etat favorisait donc le capitalisme, en mettant à sa discrétion les ouvriers qui, n'ayant pas d'épargne, devaient fatalement se plier à toutes les exigences de l'exploitation. De premières atteintes à ce droit cruel du patron de faire travailler comme il le voulait, furent apportées par la législation sur le travail des enfants, sur le travail des femmes, sur le repos hebdomadaire, sur les syndicats. Enfin, vint la loi Bovier-Lapierre, qui n'est pas encore votée, mais qui finira bien par l'être et dont on a fait un épouvantail. Cette loi, que les tribunaux n'appliqueront certainement pas avec partialité en faveur des ouvriers, interdit tout simplement aux patrons de renvoyer un ouvrier parce qu'il fait partie d'un syndicat. Toujours on aura le droit de se priver des services d'un homme dont on n'aura plus besoin parce que le travail manquera ou dont on sera mécontent parce qu'il troublera l'ordre dans l'atelier ou ne fera pas de bon ouvrage. Mais on n'aura pas le droit d'empêcher les ouvriers de se syndiquer, comme la loi le leur permet, en chassant ceux qui se syndiqueront.

Cette loi, contre laquelle on fait une telle agitation dans le monde capitaliste, est un thème de discussion depuis un an. En 1880, elle eût été écartée par la question préalable.

Mais on est allé plus loin encore dans le sens contraire au principe égoïste de non-intervention. Un ministre a osé proposer une loi qui astreindrait les patrons à assurer par un versement quotidien une retraite à chacun de leurs ouvriers. L'Etat contribuerait pour une somme égale à la constitution de cette retraite et l'ouvrier pour la moindre part. Le ministre qui a osé violer ainsi tous les principes de la vieille législation n'est pas un des chefs du socialisme. C'est simplement un habile homme expert en l'art de reconnaître les courants et de s'y placer. Comment les aurait-on accueillis, lui et sa loi, en 1884 ou 1885? En montrant la porte au ministre. Il serait tombé sur l'heure, et sous des avalanches d'injures et de menaces. On l'eût chassé comme fou ou comme traître. Voilà un an que sa proposition a été déposée. Des hommes graves l'ont étudiée, elle sera votée sinon à la première délibération, du moins à la seconde ou à la troisième. Et on l'appliquera et les patrons seront contraints de par la loi de donner un sou par jour ou même deux sous pour chacun de leurs ouvriers afin que ceux-ci aient du pain dans leur vieillesse.

Ces progrès si rapides et si surprenants de l'esprit socialiste, comment les expliquer? Comment ceux qui flétrissaient les socialistes en 1871 et jusqu'en 1880 et même plus tard en sont-ils venus à se dire, à leur tour, socialistes?

L'honneur de toutes ces conversions revient d'abord aux socialistes eux-mêmes. Tandis qu'on les insultait, ils enseignaient, avec quelle persévérance, avec quelle éloquence quelquefois! et ils agissaient. Le socialisme contemporain est sorti des nuages de l'humanitairerie et de la sensiblerie. C'est une doctrine; c'est une science. Les socialistes avaient été dans tout le siècle des rêveurs ou des hommes de désordres. Les socialistes de nos jours sont des hommes pratiques, méthodiques et calmes. Instruits à la forte école du grand Karl Marx, formés par l'expérience de tant de révoltes, apaisées dans le sang, ceux qui commencèrent en 1876 et 1877 la propagande socialiste, parlèrent un langage tout différent de leurs devanciers. Les anciens déclamaient; les nouveaux, les contemporains renoncèrent aux vieilles « rhétoriques communardes. » Ils dirent des choses sensées. Ils dirent : Ne faites plus d'émeute, ne descendez plus dans la rue. Plus de romantisme! contre la bourgeoisie embusquée dans le gouvernement, vous vous briserez si vous tentez une attaque de vive force. N'imitez pas les généreuses imprudences de vos pères, en 48 et en 71. Vous avez des adversaires habiles, soyez habiles. Où est la force? Dans les pouvoirs publics. Prenez les pouvoirs publics. Les conseils municipaux font la loi dans la commune; la Chambre des députés fait la loi dans l'Etat. Faites des conseils municipaux socialistes, ayez des députés socialistes, alors la Révolution s'opérera d'elle-même. L'Etat devenu révolutionnaire accomplira légalement contre la bourgeoisie l'œuvre que vous tenteriez vainement par la violence. »

Pendant des années les Guesde, les Lafargue, les Deville, les Brousse, les Joffrin, les Duc-Quercy, les Allemane, répétèrent les mêmes conseils. D'abord on ne les écouta pas, puis on y prit garde. Ils firent entrer au Conseil municipal de Paris un des leurs, puis deux, puis dix. Alors dans tous les partis on commença à se dire qu'il y avait là une force avec laquelle il fallait compter. Après tout, les socialistes avaient un autre programme que les autres, mais ils ne procédaient pas autrement. Ils propageaient leurs idées, ils remportaient des succès inquiétants; leur clientèle s'augmentait d'un scrutin à l'autre. Il fallait entrer en transaction avec eux, si on voulait arrêter leurs progrès. C'est ainsi qu'on en vint à s'expliquer et à reconnaître que pour être une nouveauté, le socialisme n'était pas une monstruosité. A tout prendre où serait le mal si au lieu d'appartenir à des actionnaires les voies ferrées, qui sont de nécessité publique, comme les routes carrossables, étaient comme celles-ci du domaine de l'État ?

Pourquoi les villes ne seraient-elles pas propriétaires de leurs moyens de transports en commun, de leurs moyens d'éclairage? Quelle utilité trouvait-on à laisser des particuliers exploiter ces fructueux monopoles ? Pourquoi la loi n'interviendrait-elle pas pour limiter à une durée raisonnable la journée de travail, s'il était démontré que la production ne dût pas en souffrir.

Ce socialisme-là ne ressemblait pas du tout au socialisme primitif des « partageux ». Impossible de le traiter par le dédain. Il proposait sérieusement des mesures très sérieuses que l'on pouvait trouver mauvaises, incompatibles avec un bon ordre social mais que l'on ne pouvait plus taxer d'absurdité. On n'était plus en présence d'utopies, mais en présence de propositions fermes, réalisables. On ne parlait plus de décréter que tout le monde serait heureux; il s'agissait d'admettre ou de ne pas admettre tout un ensemble de réformes parfaitement définies et dont on pouvait préjuger les résultats.

Les champions de ces idées nouvelles qui, voulant le tout, commençaient prudemment par demander une petite partie, étaient des hommes de mérite. Qui oserait dire de Marx : « Je ne le discute même pas. » Qui pourrait refuser d'entrer en controverse avec M. Jules Guesde, qui met au service d'une science si profonde, une éloquence si saisissante, un talent si éprouvé et une conviction si ardente?

Non, il n'y avait plus moyen d'éluder la discussion avec le socialisme. S'il eût été tumultueux, perturbateur, on l'eût volontiers peut-être, selon la tradition, corrigé à coups de fusil. Mais il était sage. Il parlait furieusement dans les réunions publiques, quelquefois ; souvent il allait trop loin dans ses attaques contre l'ordre établi — et alors les douze jurés apparaissaient, qui mettaient en prison le conférencier. Mais dans la rue jamais de désordre grave, pas un pavé remué ; en vingt ans une seule échauffourée, à Fourmies, en 91. Le socialisme ne se mettant pas dans un mauvais cas, on ne put pas s'en débarrasser. Comme on ne pouvait pas s'en débarrasser, il fallut bien essayer de s'en accommoder. Beaucoup de gens, qui ne savaient pas encore bien le sens du mot, commencèrent alors à se croire et à se dire socialistes.

## XI

### Le boulangisme.

Puis le boulangisme vint. Le boulangisme, que son chef perdit en liant partie avec les royalistes et en se dérobant ensuite au devoir de payer de sa personne, fut à l'origine un grand mouvement populaire et démocratique, Personne, dans l'entourage du Général Boulanger, ne songeait à renverser la République. Quand le Général s'y engageait, dans ses conversations et jusque dans ses lettres. il agissait à l'insu, contre le gré de tous ceux qui le suivaient. Le boulangisme était républicain. Mais la meilleure manière de comprendre la République n'est pas de la concevoir intolérante, infidèle aux espérances que son nom seul éveille et gouvernée seulement par et pour quelques-uns. En 1887, la République ne se présentait pas sous d'autres aspects. Elle avait mécontenté presque tout le monde et surtout le peuple des grandes villes, sa garde toujours fidèle, cette démocratie ouvrière qui a donné à l'idée républicaine tant de martyrs.

Puisque la République telle qu'elle avait été

organisée ne donnait que des déceptions, il fallait l'organiser autrement. La forme parlementaire avait été essayée et on n'avait qu'à s'en plaindre; il fallait donc revenir à l'autre forme des démocraties, à la forme populaire.

Ce fut la pensée des boulangistes de la première heure.

Quand on les jugera dans l'avenir, on ne les traitera pas avec la rigueur injuste des contemporains. Ils ne voulaient pas seulement, comme on les en a accusés, prendre la place des autres; ils avaient une politique qui n'était pas seulement celle des appétits, celle du « ôte-toi de là que je m'y mette ».

Ce qui caractérise le régime de la constitution de 1875, c'est l'omnipotence du pouvoir législatif et l'annihilation du pouvoir exécutif. Le Parlement est tout. En lui, il y a une concentration, une confusion de tous les pouvoirs, d'autant plus dangereuse que les membres du Parlement sont irresponsables. Les boulangistes voulurent mettre fin à cet état de choses, en remettant chacun à sa place.

Le pouvoir exécutif n'était rien qu'un décor; ils pensèrent à le restaurer, à lui rendre autorité pour le bien public. Comment faire cette restauration sans compromettre la liberté? En rendant à la Nation le droit d'élire elle-même l'Exécutif. C'était le plébiciste impérial, alors? Non. Car on aurait élu non pas un président, mais un conseil présidentiel ou directorial. Ce pouvoir populaire se serait trouvé à côté du Parlement. Il aurait eu l'initiative des lois concurremment avec lui et le droit d'en appeler au peuple contre les décisions des parlementaires. Ce *referendum* n'aurait pas été une prérogative réservée au pouvoir exécutif. La Chambre aurait pu demander l'appel au peuple dans de certaines conditions déterminées. Enfin un million de citoyens auraient eu le droit de provoquer sur une question déterminée une consultation nationale. Est-ce à dire qu'on aurait pu déranger les citoyens tous les mois pour les faire voter? Non. Le *referendum* se serait exercé à de certaines époques déterminées.

En faisant intervenir le peuple directement pour le règlement de la grande querelle des Eglises et de l'Etat, par exemple, mettrait-on la liberté en péril? Fourbes ceux qui le disent. Les boulangistes ne voulaient pas de maîtres pour eux et ne prétendaient pas en donner à la France. Ils se replaçaient seulement dans la vraie tradition révolutionnaire. Démocrates, en donnant à la Nation la facilité de parler elle-même, ils lui donnaient une sauvegarde contre l'oligarchie des parlements qui, recrutés dans les classes supérieures, ont sous toutes leurs apparences jacobines des instincts conservateurs.

Les ouvriers des villes comprirent ce que leur offrait le boulangisme — le boulangisme avant l'intrigue de M. Arthur Meyer. Ils vinrent en foule autour du Général qui, après avoir fait ses preuves comme soldat et comme patriote, laissait espérer qu'il serait encore un grand citoyen. Tout naturellement, ces recrues demandèrent des engagements. On leur promit de réaliser les réformes que la République avait toujours négligées. Très sincèrement.

les boulangistes qui étaient, pour la plupart, des républicains d'avant-garde, mirent le socialisme sur leur programme. L'impôt serait modifié; il deviendrait progressif; l'héritage serait grevé de telle sorte que les fortunes excessives ne tarderaient point à être ramenées à une moyenne convenable; on limiterait les heures de travail dans de certaines industries; on créerait des retraites ouvrières, des asiles pour la vieillesse. Certains services publics monopolisés par d'arrogantes compagnies seraient repris par l'Etat, etc. Certes quand ces réformes auraient été opérées, la transformation sociale ne serait pas achevée. Mais de même que la société actuelle ne s'est pas édifiée en un jour, la société de demain ne s'improvisera pas en quelques heures. Que les chemins de fer, les mines, les grandes usines métallurgiques fassent retour à l'Etat; le régime qui aura vu s'accomplir ces reprises datera dans l'histoire de la Révolution car en s'emparant des sources de revenus de l'aristocratie bourgeoise il aura préparé sa déchéance. Tels étaient les projets que les républicains boulangistes formaient et dont ils entretenaient le peuple.

Mais, le parti gouvernemental, attaqué sur tous les points par les revisionnistes, chercha à se défendre partout. Du côté des socialistes il trouva des alliés. Les possibilistes dirigés par MM. Brousse, Joffrin, Lavy, Allemane, Dumay, redoutèrent que le boulangisme n'aboutît à l'impérialisme. Oubliant leur principe de la lutte des classes, ils entrèrent dans la coalition parlementaire des radicaux et des opportunistes. Entre alliés, on causa, on s'expliqua, on prit des engagements. Les possibilistes familiarisèrent leurs compagnons de combat avec leurs revendications sociales.

Ainsi, pendant que le Général, en parlant à la nation du socialisme, en se disant socialiste, faisait adopter le mot, lui donnait, par ses discours et ses succès, une publicité immense, les possibilistes obligeaient, dans le camp opposé, les partis républicains bourgeois à compter avec eux.

Supposez que le boulangisme ne se soit pas produit, ce mélange des hommes de doctrines contraires n'aurait pas eu lieu. De socialistes à antisocialistes, on se regarderait encore de loin; le socialisme serait, certes, une force point négligeable, mais il n'aurait pas fait les progrès que nous constatons. Il ne serait pas à la mode, l'objet de l'engouement sans doute irraisonné mais réel de ceux qui le honnissaient il y a quelques années.

Le général Boulanger a donc puissamment aidé l'esprit public à évoluer vers le socialisme. Il a été un agent de propagande d'une force extraordinaire. C'est grâce à lui que les socialistes ont fait tant de prosélytes dans tous les milieux. On doit même à l'influence du boulangisme les quelques lois réformatrices qui ont été votées ou seulement proposées depuis 1889. Averti par l'expérience qu'il était dangereux de ne donner au peuple que des promesses, les parlementaires se sont mis à l'œuvre. On a vu leur principal ministre déposer ce projet de caisse de retraite qui constitue une répudiation de la politique séculaire de la bourgeoisie.

Pendant les grèves comme celle des omnibus, où le bon droit était évidemment du côté des employés, le même ministre a visiblement favorisé les grévistes.

L'aurait-on laissé faire si le boulangisme n'avait jeté l'effroi dans le monde où l'on gouverne? En réalité, le boulangisme a terrifié les républicains parlementaires qui, pour ne pas se voir expropriés du pouvoir, ont commencé l'étude des lois sociales.

Un pareil résultat n'est pas sans valeur. Il suffit pour que les républicains qui suivirent le général Boulanger, avec la volonté de réformer la République, ne regrettent pas le passé. Leur défaite même a été féconde. Vaincus, ils ont vu leurs vainqueurs obligés de leur emprunter une partie de leur programme et s'essayer à le réaliser.

## XII

## Conclusion.

La position du socialisme en France est donc exceptionnelle en ce moment. Il semblerait qu'il n'eût plus qu'à attendre. Mais deux dangers le menacent : l'anarchisme et l'antisémitisme.

Les anarchistes qui renient les socialistes et avec lesquels ceux-ci refusent toute solidarité ne constituent point un parti. Quelques individus isolés, des rêveurs ou des fanatiques, des déclassés ou des insensés : c'est l'anarchie. Une excellente femme comme Mlle Louise Michel et un assassin de droit commun tel que Ravachol se croient tous deux anarchistes. Entre eux, cependant, il y a cette différence que Ravachol a tué l'ermite et que Mlle Louise Michel serait allée le soigner si elle l'avait su malade.

Quand elle est présentée par Pierre Kropotkine comme la fin de toutes les misères et de toutes les injustices, l'anarchie est séduisante comme un beau rêve ; mais quand elle tombe dans un escalier sous forme d'une marmite remplie de nitroglycérine, l'anarchie n'est que du banditisme. Le malheur, c'est que les beaux rêves n'émeuvent que quelques personnes et que les casseroles à la dynamite effrayent tout le monde. L'anarchie est donc justement un objet d'horreur. Ce ne serait pas un grand dommage si on se bornait à conspuer les seuls coupables. Mais la peur ne raisonne pas, ou plutôt elle raisonne, et mal. Les anarchistes, se disant les plus avancés des socialistes, risquent de faire englober dans l'impopularité qu'ils méritent toutes les écoles socialistes, même les plus sérieuses. Bien entendu, les polémistes conservateurs ne manquent pas d'aider à établir cette confusion. Le plus clair résultat « des actes de propagande » serait donc de relever les vieilles préventions que les socialistes ont eu tant de mal à surmonter.

Mais l'anarchisme s'attaquant à tout le monde a un recrutement forcément limité. Avec quelques sages mesures de police on se défendra contre lui.

Tout autre, quoique aussi dangereux pour le socialisme, est l'antisémitisme que nous avons montré se recrutant dans tous les camps, parmi les conservateurs et parmi les révolutionnaires, groupant dans le même malentendu les hommes les plus dissemblables, les souscripteurs au denier de Saint-Pierre et des athées, des hommes ruinés par de hasardeuses spéculations et des travailleurs justement, émus devant les iniquités du monde et l'insécurité de leur propre existence.

Comme l'anarchie, l'antisémitisme, il suffit

d'y réfléchir pour s'en convaincre, ne peut aboutir à rien. C'est une agitation purement négative. Comme l'anarchie, l'antisémitisme ne peut que provoquer à des attentats individuels. On a vu des criminels ou des fanatiques faire sauter des maisons parce que depuis des années certains théorici-enseignaient que la meilleure propagande est le propagande par le fait. Il pourra arriver un jour qu'un égaré aille attaquer chez lui un banquier juif, parce qu'il aura fini par croire que tout le mal social est causé par les juifs.

Un pareil « fait divers » est possible, et rien au delà n'est possible.

En effet on n'obtiendra jamais contre la race juive entière une loi de proscription, jamais on ne verra les foules se ruer sur les petits commerçants, sur les ouvriers juifs : les Saint-Barthélemy ne sont pas dans nos mœurs.

Fera-t-on contre certains juifs déterminés une législation spéciale ? La loi ni la conscience publique ne le permettraient. Et le permettraient-elles que la haute cour de M. de Morès ne réussirait pas à faire restituer le dixième des fortunes que l'on convoite.

De quelque côté qu'on examine la question posée par les antisémites on en vient à cette conclustion, toujours la même, que le résultat ne peut être qu'une série de troubles, qu'une série de violences particulières.

Voilà qui avancerait bien les affaires du socialisme ! Depuis 1876, on n'a avancé que parce qu'on a été sage, on n'a obligé les partis conservateurs à entrer en composition qu'en restant aussi immuables dans la légalité qu'ardents et persévérants dans la propagande. Et quel chemin parcouru ! Et aussi, quels reculs chaque fois qu'une violence a été commise ! Combien l'assassinat de M. Watrin a été exploité contre la cause des ouvriers ! Quel parti n'a-t-on pas tiré des explosions de Lyon, de Montceau-les-Mines et de Paris ? C'est quand nous avons sous les yeux les avantages palpables de la sagesse et les inconvénients de la violence, qu'on laisserait faire, sans crier gare, une campagne qui ne peut finir que par des actes de violences, des actes isolés, contre des individus isolés, et dont la répression fortifiera la réaction.

On a commencé à voter des lois qui augmentent l'indépendance des travailleurs, en restreignant la puissance patronale. Le capital n'est plus le maître absolu. En diminuant son pouvoir, on a mis à son augmentation démesurée un premier obstacle ; car il est bien évident que les travailleurs se serviront de leurs syndicats pour obliger les capitalistes à leur abandonner une part plus forte du produit de leur travail. C'est dans cette voie qu'il faut persister. La vieille société, quand elle aura été minée par quelques réformes, se transformera d'elle-même sous l'action spontanée d'un événement. Mais, que l'on prenne garde de ne pas créer au profit des conservateurs une diversion.

La République bourgeoise a amusé le peuple pendant dix ans avec le spectre clérical. Pendant dix ans, au lieu de faire les réformes, on a fait la guerre aux curés. L'anticléricalisme a retardé l'avénement du socialisme.

Aujourd'hui que le socialisme est sur le point de triompher on le laisserait compromettre, détourner de sa voie ; il se perdrait dans une secte qui poursuit la satisfaction de rancunes personnelles, dans une secte de proscripteurs !

Nous n'avons ni amitié, ni haine pour les juifs qui avec quelques travers de parvenus sont, en somme, des hommes comme les autres ; ils ont profité comme beaucoup d'autres des lois que la bourgeoisie a faites dans le but de se constituer en aristocratie.

Ce sont ces lois favorables à l'exploitation de l'homme par l'homme qu'il faut changer. Créez par la législation un nouveau milieu social et les hommes s'y accommoderont. Mais ne perdez pas votre temps à exciter inutilement à la haine contre quelques individus dont le sacrifice même serait plus dangereux qu'utile, car il créerait un nouveau malentendu entre les partis de réforme et les masses pusillanimes sans le concours desquelles rien ne s'achève.

Les plus éminents représentants du socialisme en France, les disciples de ce grand Karl Marx, qui était un juif et qui néanmoins a tant fait pour l'affranchissement des travailleurs, auraient pu trouver en se jetant dans l'agitation antisémitique une facile popularité.

Ils l'ont dédaignée. Ils ont compris quelle diminution recevrait leur cause si, au lieu de rester celle de tous les hommes, elle devenait celle de quelques sectaires. Ils sont les adversaires des antisémites.

L'effervescence passée, quand l'antisémitisme

aura prouvé sa stérilité, ceux qui reprochent aujourd'hui à ces sages leur sagesse, à ces raisonnables leur froide raison, reviendront vers eux.

Cette crise du socialisme — car l'antisémitisme est une maladie du socialisme — ne durera pas.

# TABLE DES MATIÈRES



IMP. NOIZETTE, 8, RUE CAMPAGNE-PREMIÈRE, PARIS

www.ingramcontent.com/pod-product-compliance
Lightning Source LLC
LaVergne TN
LVHW020421230826
846091LV00004B/1361

*9782019221768*